骑着炮弹飞行

王福康　编著

知识出版社

图书在版编目（CIP）数据

骑着炮弹飞行 / 王福康编著．-- 北京：知识出版社，2016.5
（科学手拉手）
ISBN 978-7-5015-9115-2

Ⅰ．①骑… Ⅱ．①王… Ⅲ．①科学知识—青少年读物
Ⅳ．① Z228.2

中国版本图书馆 CIP 数据核字（2016）第 106126 号

骑着炮弹飞行

出 版 人　姜钦云
责任编辑　刘　盈
装帧设计　国广中图
出版发行　知识出版社
地　　址　北京市西城区阜成门北大街 17 号
邮　　编　100037
电　　话　010-88390659
印　　刷　北京一鑫印务有限责任公司
开　　本　889mm×1194mm　1/16
印　　张　8
字　　数　100 千字
版　　次　2016 年 5 月第 1 版
印　　次　2020年2月第2次印刷
书　　号　ISBN 978-7-5015-9115-2

定　　价　29.80 元

卷首语

　　100多年前，大炮是靠马或骡子驮运的，打仗时需要重新组装，非常麻烦。一名美国炮兵军官灵机一动，想把大炮直接安装在马和骡子的背上发射炮弹。他选了一匹非常健壮的野战骡子来做试验，把榴弹炮的炮管捆扎在骡子背上，然后在炮管里装入一枚球形炮弹。当他点燃炮弹引信时，骡子听到自己背上发出嘶嘶的响声，吓得在原地打起转来。它身上背着的炮管也跟着一起打转，炮弹随时会射向四周，使周围的人吃惊不已。

　　"轰"的一声巨响，炮弹朝着兵营飞去，击中了宿舍上的烟囱。骡子往后连续翻滚，滚下了悬崖。原来，他忽略了大炮射击时产生的后坐力。经过许多科学家的努力，1936年，苏联梁布欣斯基发明了一种75.2毫米无后坐力炮。

　　这个故事告诉我们，失败是成功之母。这位军官的突发奇想虽然失败了，但是，人们发现了大炮后坐力的威力，找出了克服大炮后坐力的方法，发明了一种新颖的无后坐力大炮。

　　达尔文发现的自然选择，郑和七次下西洋的地理大发现，从毛笔到现代

一个炮兵军官的突发奇想

的 3D 打印机，从机械玩偶到现代机器人，都是在人们的好奇心中诞生的。世界七大奇景也是在人们的丰富想象中建造起来的，有些自然之谜会引发我们许多奇思怪想，如通古斯大爆炸，虽然时隔百年，但是人们并没有忘记它，仍然在猜测着它发生的原因。

　　奇想是创造发明之源。在我们的日常生活中，也会有许多突发奇想，我们不要轻易放弃，或许会有所收获。

目　录

无处不在的力

达尔文与《物种起源》

探寻郑和之路

世界七大奇景

追踪通古斯大爆炸

传承人类文明的工具——笔的前世今生

从童年的"天使"到现代机器人

无处不在的力

　　虽然力看不见摸不着，但它是无处不在的。我们拿一个东西，走一步路，都会用力。如果我们被别人推一下，或撞一下，也会感觉到力的存在。中国最早的文字是一种象形文字，是先民们在生活和生产实践中，从对事物的观察中仿造出来的。以"力"字为例，最早的骨刻文的"力"字，像一个舒展双臂的人，准备用力一搏，故称为"人筋之形"。后来，甲骨文上的"力"字，有人说像古代的犁，上部为犁把，下部为耕地的犁头，古代称为"耒耜（lěi sì）"，耕田要用力，所以"力"字就有"力量"之"力"。力是人们在长期的生活和生产实践中，观察物体之间相互作用而抽象出来的概念。物体间的相互作用，有的是直接接触，如物体表面的摩擦力等；有的不是直接接触，如地球对物体的引力、磁性物体间的引力和斥力等。我们生活在充斥着各种各样的力的世界里。

给我一个支点，我就能撬动地球

一天，古希腊伟大学者阿基米德正在家中摆弄撬棒（杠杆），他的好友柯伦看望他时，问他："你又在研究什么新问题？"

"你看，我用这根撬棒可以把'力'放大。"他一边说，一边轻松地用撬棒撬动一块巨大的石块。

柯伦对他说："这算什么新鲜事，早在几千年前，古埃及人就用它来建造金字塔。"

阿基米德问柯伦："你研究过其中的道理吗？为什么巨石能被撬棒撬动？"他用手指着撬棒给柯伦看，"你注意过撬棒上有一个支点吗？有了这个支点，巨石才能被撬动。撬棒的一端离支点越远，撬动起来就越省力。"

古希腊科学家阿基米德

阿基米德觉得自己的发现很有意义，就给国王亥尼洛写了一封信："尊敬的亥尼洛王啊！我确信，一定大小的力可以移动任何重量，如果有另外一个地球的话，只要给我一个支点，我就能撬动我们的地球！"

给我一个支点，我就能撬动地球

阿基米德的这番话，从道理上看并没有错。但是，实际是做不到的。

我们知道，地球的质量大约有 6×10^{24} 千克，如果阿基米德用

60 千克的力作用到这根撬棒上的话，那么，这根撬棒的一端离支点的距离与另一端离支点的距离相差 10^{23} 倍。

如果想把地球撬起 1 厘米，阿基米德在这根很长很长的撬棒一端揿一下，这一揿将是揿下一个 10^{18} 千米的大弧。也就是说，等阿基米德往下揿 10^{18} 千米，地球才举起 1 厘米。要移动 10^{18} 千米的距离得花多长时间？假如，阿基米德的手用 60 千克的力每秒钟揿下 1 米，中间不能有 1 秒钟的停顿，需要 10^{21} 秒（也就是 30 万亿年）才能完成。不要说阿基米德的一生无法完成，就是我们地球的年龄也没有这么长。

尽管这是阿基米德夸张的说法，但是，他发现的杠杆定律对物理学的贡献还是很大的，成为了机械学的基本原理。

卡文迪许和卡文迪许实验室

18 世纪后半期，英国伦敦街头经常出现一个"怪人"，他穿着一件古怪而过时的衣服，身后总是跟着一群起哄的小孩。他在家里建立了实验室和图书馆，随便什么人都可以向他借书，只要办一个手续，按时归还。有趣的是，他自己借书也要按规定写借条。这位怪人就是著名科学家亨利·卡文迪许。其实卡文迪许并不怪，只是由于他热爱科学，专心致志地研究科学，对别的事情一点也不注意罢了。

卡文迪许是英国杰出的物理学家和化学家，他为科学的发展做出了重要的贡献。也许这位科学家在生活中并不出众，但在科学研究领域不愧为一颗闪亮的明星。1731 年 10 月 10 日，卡文迪许生于法国尼斯的一个贵族家庭。他的父亲是英国公爵的后裔，因为他的母亲喜欢法国的气候，才搬到法国居住。当卡文迪许两岁的时候，

英国杰出科学家亨利·卡文迪许

卡文迪许实验室

他的母亲就去世了。由于早年丧母，他形成了一种孤独而羞怯的性格。

　　卡文迪许 11 岁进中学，18 岁考入剑桥的圣彼得学院。1753 年，他离开剑桥漫游欧洲大陆。后来，他在他父亲的一间实验室工作，任他父亲的助手，是他的父亲把他引入的科学界。1760 年，卡文迪许成了皇家学会会员。1766 年，卡文迪许发表了《人造气体》一文，发现氢气，并对氢气的性质做了详尽的描述，并证明了水是氢和氧的化合物，这一伟大发现在化学史上开辟了一个新纪元。1798 年，卡文迪许通过扭秤实验，测量了万有引力的大小。1879 年出版了《电学研究》一书，总结了他在电学研究中的成果。卡文迪许还研究了热的现象，他认为各种物质加热到一定温度时，所需要的热量是各不相同的，这对后来发现比热定律有着重要的意义。

　　1810 年 2 月 24 日，79 岁的卡文迪许孤独地离开了人间。

　　在英国剑桥大学有一个与他同名的物理实验室。它创建于 1871—1874 年，是当时剑桥大学的校长威廉·卡文迪许私人捐款兴建的。威廉·卡文迪许是亨利·卡文迪许的近亲。这个实验室就取名卡文迪许实验室。

　　第一任卡文迪许实验室主任是著名物理学家、电磁场理论的奠基人麦克斯韦。麦克斯韦十分重视科学方法的训练，特别是科学史的研究。麦克斯韦的继任者是瑞利第三。他在声学和电学方面很有造诣。在他的主持下，卡文迪许实验室系统地开设了学生实验。1884 年，28 岁的汤姆逊继任了实验室主任。卡文迪许实验室在汤姆逊的领导下，建立了一整套研究生培养制度和良好的学风，培养出卢瑟福、朗之万、布拉格、威尔逊、里查森、巴克拉等人，他们中有许多人获得了诺贝尔奖。1919 年，汤姆逊让位于他的学生卢瑟福。卢瑟福是一位成绩卓著的实验物理学家，是原子核物理学的开创者。卢瑟福更重视对青年人的培养。在他的带领下，查德威克发现了中子，考克拉夫特和瓦尔顿发明了静电加速器，布拉凯特观察到核反应，奥利法特发现氚，卡皮查在高电压技术和低温研究方面取得硕果，另外还有电离层的研究、空气动力学和磁学的研究等。1937 年，卢瑟福去世后，由布拉格继任，以后是莫特和皮帕德。20 世纪 70 年代以后，古老的卡文迪许实验室被大大地扩建了，研究领域包括天体物理学、粒子物理学、固体物理学以及生物物理学等。卡文迪许实验室至今仍为世界著名实验室之一。到 1997 年，从卡文迪许实验室中已经走出了 25 位诺贝尔奖获得者。

虎克的字母组谜语"ceiiinosssttuu"

"ceiiinosssttuu"，这组字母是什么意思？你能猜出来吗？它是 17 世纪英国著名科学家虎克提出的一个字母组谜语。

虎克成名较早。17 世纪下半叶，他还是牛津大学的一名学生时，就进入了波义耳实验室，作为波义耳的助手。在波义耳实验室，他在研制天文仪器时，接触到弹簧，为了研究弹簧的性能，虎克做了许多实验。他把弹簧的一端悬挂起来，在另一端增加重量，观察弹簧长度的变化。当把多次实验结果排列在一起时，他发现，弹簧上所加重量的大小与弹簧伸长的距离成正比。这一发现，后来被称为"虎克定律"，为材料力学和弹性力学的发展奠定了基础。

虎克发现这个定律大约是在 1660 年，虽然，当时虎克对发现这个定律感到十分高兴，但是，虎克不知为什么没有发表他的这一个发现。到了 1676 年，他把这个定律写成了一组"字母组词谜"并发表出来，就是我们开头提到的这一组字母："ceiiinosssttuu"。

所谓"字母组词谜"就是要求把给定的字母组成一个句子。当时，这个"字母组词谜"谁也答不出来。又过了两年，

英国著名科学家虎克

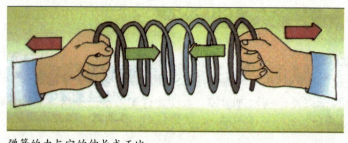

弹簧的力与它的伸长成正比

也就是 1678 年，虎克写了一篇《弹簧》的论文，向人们介绍了他的实验结果，同时，也将这个谜语的答案发表了出来。

　　"ceiiinosssttuu"就是"Ut tensio sic vis"。这句拉丁语的意思是"弹簧的力与它的伸长成正比"（答案中，多了一个"v"，少了一个"u"，在拉丁语中"v"与"u"是通用的）。

　　虎克出生在英国南部海峡上的一座孤岛——怀特岛，就读于英国牛津大学。虎克是一位有着独特见解的思想家，也是一位多才多艺的科学家。他在天文学、力学、物理学等诸多领域中均有重大的贡献。他还被科学史称为"发明大王"，因为他是第一个发现表面张力的人，也是第一架显微镜、第一个具有弹簧的手表、第一台真空抽气机、第一只水银温度计、第一个天平、第一架半杯式风速计等的发明者。1666 年，伦敦发生了一场大火，他被任命为修复工程的测量技师，为伦敦的重建做出了贡献。

从肚皮里的爆破声说开去

　　19世纪中叶，在伦敦的泰晤士河下修筑了一条水下隧道。当隧道两头打通时，伦敦地方的政界要人和各界知名人士在隧道里举行了隆重的庆祝活动。活动的主持人在庆典上打开香槟酒，招待参加庆典的各界人士。但不知什么原因，原本泡沫十足的香槟酒变得一点气也没有，令来宾大为扫兴。更令人奇怪的事还在后面。当庆典结束后，人们回到地面上时，每个人的肚子里都发出了一阵阵的爆破声，有的人还不断地从鼻子里冒出气来，有的人身上的马甲也被肚子撑开。谁也没想到会发生这样令人难堪的场面，只有重新回到下面的隧道里，情况才逐渐平静下来。

　　原来，泰晤士河的水下隧道在地下几百米，那里的气压要比地面上高得多，使香槟酒中的二氧化碳气体都被溶解在酒中，跑不出来了，所以开出的香槟酒都像没有气似的。待人们回到地面时，气压又恢复到原来的状态，喝到肚子里的香槟酒，里面的二氧化碳气体由于压力减小，就从酒里跑了出来，不仅会发出一阵阵的爆破声，而且能把喝酒人的马甲撑开。

伦敦泰晤士河上的大桥

这种由于压力减小产生的气泡，叫作"空泡"，不仅香槟酒会这样，普通的水也会这样，这些空泡虽然很小，但是会造成很大的危害。

1894年，英国有一艘240吨的小型驱逐舰"勇敢号"，在试航时，它的螺旋桨转速不能达到设计要求。后来发现，这是因为水中出现的空泡造成的。空泡现象不仅使螺旋桨转速减慢，而且会造成螺旋桨严重损坏。1971年，有人对上千艘船做过调查，发现由于空泡造成30%的螺旋桨在使用一年后就有不同程度的损伤。

后来，科学家发现空泡在闭合时会产生类似于爆炸的高压，可达到100 000大气压。水滴石穿，也正是空泡逐渐将坚硬的石头"咬去"的结果。

1986年，一个美国科学家算出气泡破灭可以造成5 000K的高温。1993年又有人改进计算，说可以达到7 000K的高温，这已经是太阳表面的温度了。1994年11月，在美国声学会议上，有人宣布用精细模型并用计算机算得，气泡破灭时的温度可达到2 000 000K，这个温度已是聚变热核反应所需温度的一半。因此，说不定空泡还是一条通向可控热核反应的有效途径呢！人们正想利用它去开辟一个全新的领域！

空泡对舰船的螺旋桨损害很大

你相信吗，一指之力能推倒摩天大楼

你玩过多米诺骨牌吗？

据说，多米诺骨牌起源于中国，在 1120 年，宋朝出现了一种名叫"骨牌"的游戏，骨牌多由兽牙或兽骨制成，所以骨牌又叫"牙牌"。

1849 年，有一位意大利传教士把这种骨牌带回了米兰，作为礼物，送给了他的女儿多米诺。多米诺十分喜欢骨牌，她发现玩骨牌可以锻炼人的意志和耐力。她的男友是个性情急躁的人，多米诺就让他把 28 张牌一张张地竖起来。如果他不能在规定的时间内把 28 张牌竖完，或者竖完后，骨牌又倒下了，她就不让他参加舞会。经过 49 天的磨炼，他的性格变得刚毅坚强，做事也变得稳健沉着。后来，这种骨牌游戏在欧洲传开了，并将它称为"多米诺"。现在，它已经成为一项游戏，风行各国。"多米诺"也成为一个国际性术语，不论是在政治、军事，还是商业领域中，只要产生一倒百倒的连锁反应，人们就把它们称为"多米诺效应"或"多米诺现象"。

多米诺骨牌就是将一种长方形骨牌（现在用塑料、木材等制作），一张张地竖起，排成一行或者组成一种图案，只要推倒第一张牌，其余的牌都会挨个儿倒下。2008 年 11 月 19 日，在荷兰陆瓦尔登市，由来自 17 个国家的 88 名多米诺骨牌爱好者，一共码放了 432.1 万张骨牌，最后有 415.5476 万张骨牌被推倒。

多米诺骨牌有如此巨大的效应，引起了物理学家的兴趣。加拿大大不列颠哥伦比亚大学的物理学家怀特海德制作了一组骨牌，共 13 张，第一张最小，长 9.53 毫米，宽

一指之力能推到摩天大楼

4.76毫米，厚1.19毫米，比小手指甲还小。其余骨牌以1.5倍的比例增大，这是根据一张骨牌倒下时能推倒一张1.5倍体积的骨牌而选定的。最大的第13张骨牌，长61厘米、宽30.5厘米、厚7.6厘米。把这套骨牌按适当间距排好，轻轻推倒第一张骨牌，直到第13张骨牌倒下时，释放出来的能量竟然比第一张牌骨牌倒下时，整整大了20多亿倍。若推倒第一张骨牌用了0.024微焦的能量，倒下的第13张骨牌释放的能量将达到51焦。

如果怀特海德按此比例制作第32张骨牌，这张骨牌的高度将达到415米，比美国纽约的帝国大厦还要高许多。这张骨牌倒下时，释放的能量将会达到1.24×10^{15}焦耳。由此看来，一指之力足以推倒一座摩天大楼。

多米诺骨牌效应为何能产生如此大的能量呢？

这种效应的物理解释是：骨牌竖着时，重心较高，倒下时重心下降。在倒下的过程中，将其重力势能转化为动能，并将动能转移到第二张骨牌上，第二张骨牌将第一张骨牌转移来的动能和自己倒下过程中由重力势能转化而来的动能一起传给第三张骨牌上……每张骨牌倒下时，具有的动能都比前一张骨牌大，因此它们的速度一个比一个快，也就是说，它们依次推倒的能量一个比一个大。初次微弱的能量被放大到难以置信的程度。

李逵能将自己举起来吗

李逵是水泊梁山上的一员猛将，他长得黑乎乎的，人称"黑旋风"。他仗义、粗悍，力大无穷，性格刚烈，有勇无谋。

有一次，他在别人面前吹嘘自己的力气是如何如何大，刚好被军师吴用听到。吴用对李逵说："李逵，你说你力气大，我不相信。你自己重200多斤，你能把自己举起来吗？"

李逵一听来劲了，要他举起200多斤，还不是轻而易举的事。李逵说："这太容易了！我能力举千斤，还能举不起我自己来？"他爽快地答应了军师的要求。说着，他就抱起自己的前胸，想把自己举起来。可是，尽管他费了很大的劲，仍是双脚不能离地。李逵气得又是揪头发，又是抱脑袋，但是，两只脚还是像生了根似的一动也不动。军师吴用见此情景，微微一笑，说道："如何？以后还是少吹嘘为好。"李逵红着脸不吱声了。

李逵能举起自己来吗？这就像一个人不可能抓住自己的头发离开地球一样。李逵是不可能举起自己的。这是为什么呢？

200多斤重的李逵可以稳稳地站在那里，是因为地面上有一个可以支持他200多斤体重的力。也就是说，在李逵的身上受到两个力的作用：一个是他的体重，也就是地球对他的吸引力；另一个就是地面的支持力。这两个力都作用在李逵的身上，大小相等，但方向相反（一个向上，一个向下），作用于一条直线上，两个力相互平衡，李逵就能稳稳地站立在那里，一动也不动。只有在这两个力大小不等时，李逵才会移动。

当李逵试图要举起自己时，他用了一个向上的举力，但同时又会产生一个大小相等、方向相反的反作用力，四个力又平衡了，李逵仍然稳稳地站立在那里，一动也不动。最终的结果是，李逵无法将自己举起来。这是牛顿第三定律告诉我们的自然法则。

宇航员在太空中行走为什么不会掉下来

2004年7月1日5时19分，国际空间站上两名宇航员穿着宇航服走出对接舱舱门，开始在太空中行走，修复空间站外面的一个失灵的陀螺仪。

人类第一次走出宇宙飞船在太空中行走是在1965年3月18日，苏联宇航员阿列克谢·列昂诺夫走出"上升号"宇宙飞船，在太空中以时速24 000千米的速度绕地球飞行了10分钟。

在太空中行走

1984年2月7日，美国宇航员麦坎德列斯和斯图尔特在不系安全带的情况下走出"挑战者号"航天飞机，在太空里，以时速28 000千米的速度"行走"了一段时间，又安全地进入了航天飞机，成为第

一批"人体地球卫星"。自载人航天以来，宇航员已实现了近百次太空行走。

如果我们从高空飞行的飞机里走出来，一定会高速坠落到地面上，除非打开降落伞，否则就会被摔死。那么，为什么宇航员在 280 千米的高空中行走不会摔下来呢？

我们先来做一个小时候都玩过的实验。拿一只小水桶，里面盛满水，水桶的柄上系一根绳子，像杂技演员一样，手里握着绳子，将水桶甩着转，只要水桶转得足够快，即使你把水桶转得桶底朝天，水桶里的水也不会掉下一点，这就是离心力的作用。2 000 多年前，亚里士多德就已经注意到这一点了。

宇航员在太空中行走，就像水桶中的水一样，只不过我们没有看到这根系着水桶的绳子。

我们知道，航天飞机的时速达到 28 000 千米，相当于超音速喷气机速度的 20 多倍。乘坐在宇宙飞船中的宇航员与航天飞机一样也是以时速 28 000 千米的速度在环绕地球飞行。宇航员走出航天飞机后，依靠惯性，仍以时速 28 000 千米的速度环绕地球飞行，由于离心力的作用，他就像水桶中的水一样，不会从太空中掉下来。他像一颗绕地球运行的卫星一样在太空中飞行。尽管，宇航员的飞行速度这么高，但他自己不会有什么感觉。地球绕太阳运转的速度更快，达到时速 108 000 千米，几乎是宇航员绕地球旋转速度的 4 倍！我们生活在如此高速旋转的地球上也毫无感觉，难怪宇航员在时速二三万千米的太空轨道上"行走"，也能若无其事，"胜似闲庭信步"了。

宇航员太空行走的成功，为修理正在轨道上运行的、但已发生故障的人造卫星，以及为将来建立永久性的太空轨道站创造了条件。

在月球上能打破举重的世界纪录吗

在回答这个问题以前，我们先来讲一个有趣的故事。

从前，有一个商人在荷兰买了 5 000 吨鲭鱼，将它们装在船上，运往靠近赤道的一个非洲城市——摩加迪沙港。船到了港口，在卸货时，一过秤，发现鲭鱼少了将近 19 吨。奇怪！这 19 吨鲭鱼到哪里去了呢？船一路驶来，沿途并没有靠岸。船上的船员也不可能吃了那么多鱼。当时，大家都无法揭开这一迷团。

在月球上能打破举重世界纪录吗

后来，还是科学家发现了其中的奥妙。

我们知道，物体的重量是由地球对它的吸引力而产生的。地球的吸引力的大小与物体离开地心的距离远近有关。如果离得越远，那么，地球的吸引力也就越小。如果一块铁在地面重 1 千克，拿到离地面 6 400 千米的高空，由于它离地心的距离增加了 1 倍（地球的平均半径不到 6 400 千米）。那么，它受到的地心引力就会减少四分之三，使它的重量只有 0.25 千克了。由于地球是稍带椭圆形的，它南北两极的半径要比赤道的半径小 22 千米。荷兰离北极很近，所以那里离地心要比赤道离地心更近一些，吸引力也就更大一些。同样的东西，在这里要比在赤道重一些。因此，在荷兰称重有 5 000 吨的鲭鱼，运到靠近赤道的非洲时，就只剩下 4 981 吨了。这都是地球引力在跟人开的玩笑。

那么，我们现在来看看在月球上的情况又如何呢？

月球上的引力只有地球上的六分之一，那么，是不是在地球上举起 1 千克的人，到了月球上就可以举起 6 千克了呢？现在，举重的世界记录是 263 千克（75 千克以上级挺举），如果除以 6，只有 40 多千克了。在地球上要举起这点重量也不是一件难事。但是，我们到了月球上，由于月球的引力只有地球的六分之一，一块 263 千克的铁块，在月球上称重的话，也就只剩下了 40 多千克。所以，你举起的重量仍然只有 40 多千克，而不是 263 千克，就像鲭鱼少掉 19 吨一样。所以，你要在月球上破世界举重记录的话，要举起超过 263 千克的重量，并非一桩易事。

2002 年 11 月 26 日，在波兰华沙举行的世界男子举重锦标赛上，伊朗运动员侯赛因·里萨扎德一举以 263 千克创造了挺举的世界记录。他的力气也是够大的了，可称得上当今的"大力士"。就是这样一位大力士将 263 千克的杠铃举过头，杠铃在他头上停留的时间也不会很长，最长也不会超过几分钟吧！英国有位大力士名叫约翰，他的头可以顶起一辆 150 千克重的小汽车。其实，我们每个人身上顶着的重量何止 263 千克呢！只是我们自己没有感觉到罢了。那么，

我们身上顶着的是什么东西的重量呢？是大气。

据科学家测算，在海平面上的大气压力是每平方厘米1千克，也就是说，在指甲那样大小的地方上压着1千克重量的大气。我们人体的表面积大约有2平方米，压在我们身上的大气重量就达到20 000千克，差不多

英国大力士约翰顶起150千克重的小汽车

是世界上举重最重的运动员压在他身上的重量的80倍。因此，我们人人都是大力士，都能毫不费力地顶起20 000千克的大气。

如果在我们身上压上其他东西的话，不要说是20 000千克，就是2 000千克也会叫你粉身碎骨的。

那么，为什么大气不会压死人呢？原来在我们的身体里也有大气存在，它的压力也是每平方厘米1千克，正好与外面的大气压力相抵消。如果身体内外的压力不一样，我们身体就会感到十分难受。例如，我们到西藏高原上去会发生高原反应。这就是因为西藏高原比海平面高几千米，上面空气稀薄，气压很低，只有每平方厘米600多克，差不多要减少一半，就会出现人体内的压力向外膨胀，发生流鼻血等情况。如果我们到深海里去，情况就恰恰相反，由于在海洋中，每下降10米，海水的压力就会增加1个大气压，造成外面的压力要比身体内的大气压力要大，所以要穿上潜水服，否则人体就会受不了海水的巨大压力。

假如没有了摩擦

摩擦在我们生活中是一种司空见惯的现象。我们每时每刻都在和摩擦打交道。在现代汽车中，20%的功率用在了克服摩擦上，飞机上的活塞式发动机因摩擦损耗的功率达到10%，每天为此要白白浪费掉许多能源，真是可惜。摩擦造成机器零部件的磨损，在英国每年的损失超过20亿美元。最初的宇宙飞船在返回地面时，由于与空气之间的摩擦，会产生高温，烧毁整个飞船，为了保护飞船里的宇航员和各种仪器设备，人们不得不付出昂贵的代价。摩擦常常成为"不受欢迎"的角色。

假如有一天摩擦突然在世界上消失了，那又会怎么样呢？

有人写了一本《摩擦力消失了》的科幻剧，就是描写了没有了摩擦力之后，生活顿时乱作一团。

呼！糟了，为什么我的手拿不住杯子？

没有摩擦力，人就无法走路

减少摩擦力的方法

要赶快在妈妈回来前将地上清扫干净才行。

咦？我怎么在原地踏步呢？

快呀！快呀！不行啊，还是停留在原地，怎么办？

看看窗外，哇！不得了，发生了大车祸，路上的人、车都撞成一团，而后面的车子还不停地撞上去。

对面正在施工的脚手架散落了一地，原本堆在旁边的废土堆也卸落了一地，真是一团乱糟糟！

在我们的生活中，还真少不了摩擦力。所以，人们一直在研究和探索摩擦如何为人类服务。

为了驾驭摩擦，早在 15 世纪，达·芬奇就开始了对摩擦的研究。他用石头和木头研究了固体摩擦。但他的研究成果，直到 19 世纪末，才被发现。他发现同等重量的物体之间的摩擦力与接触面积无关，并首次引入摩擦系数概念。他认为，"所有东西，

不管它是如何薄，当它放入两个互相摩擦的物体中间时，摩擦都会减少"。

到了 17 世纪，法国实验物理学家阿蒙顿对摩擦产生的损失十分敏感，这促使他转向摩擦研究，他把产生摩擦的基本原因归结为摩擦表面的凹凸不平。1699 年 12 月 19 日，他向皇家科学院提交了一份经典论文，其中讨论了他的摩擦实验和对实验结果的分析。他发现摩擦阻力是随压力（即载荷）的大小成比例地增加或减少，与接触面的大小无关。后来，人们将阿蒙顿的发现称为阿蒙顿干摩擦定律。

你能感觉到太阳光的压力吗

在一个科技馆里，一群小朋友正围绕着一件展品，睁大双眼，露出了惊奇的表情。这是一个玻璃瓶，瓶里装有两个风车般的叶片，只要小朋友将手电筒的灯光照射在它的叶片上，叶片就会转动起来。如果把手电筒的灯光移走，等一会儿，叶片就会朝相反方向转动。难道这是光在推动叶片旋转吗？

玻璃瓶里的叶片是由金属薄片制成的，一面是光亮的，另一面则涂上黑色，瓶里只有稀薄的空气。当手电筒的灯光照射在叶片上，黑色一面要比光亮一面吸收较多的光能，温度较高，导致黑色一面附近的空气受热膨胀，推动叶片转动！当手电筒的灯光移走后，叶片便开始散热。这时候，黑色一面比光亮一面散热快，黑色一面相对较冷，导致附近的空气收缩，使叶片朝相反方向转动！

光会产生热，这并不奇怪。冬天的太阳暖洋洋，夏天的太阳火辣辣。这是阳光照在人身上的唯一感觉。但是，有人告诉你，阳光除了有这种使人感到热的感觉外，还有压力，它也会像手电筒灯光一样使叶片转动，你相信吗？你一定会感到十分新鲜，从来没有感觉过自己身上有这种压力。

早在 1901 年，俄国有位物理

转动的小叶

学家叫列别捷夫，他设计了一个实验，发现了光的压力，并且测量出了它的数值。

列别捷夫用一根细线，下面悬挂一个极轻的十字架，在十字架的每端分别固定一个很轻的小叶片，其中一个小叶片被涂成黑色，另一个小叶片被涂成亮光的颜色。在细线上还安装了一面平面镜。当光照到小叶片时，悬挂十字架的细线会发生扭动，但是，这个扭动非常小，需要通过透镜和平面镜来观察它的扭动。同时，他发现当光照射在两只不同的小叶片上时，细线的扭动大小也不一样，光照在被涂成光亮颜色的小叶片上要比照在涂成黑色的小叶片上引起的细线扭动大两倍。这就证明了光确实存在着压力。

但是，光压实在太微小，照在人身上的光压就更是微乎其微了，一般人根本觉察不到。

人有多大的力气

从古到今流传着许多有关大力士的传奇故事。在古希腊，有个叫比邦的人，一只手可以将一块重达 143.5 千克的大石头举过头顶。还有一个叫叶乌马斯特的大力士更是力大无比。据说，他可以将一块重达 480 千克的巨石从地上搬起。18 世纪，英国一个叫托马斯·托凡的大力士，他可以举起总重量超过 750 千克的 3 个酒桶。罗马的士兵维尼·瓦连捷可以用身体挡住 1 500 千克重的载货车。俄国马戏团的大力士格里高里·卡谢耶夫可以把 640 千克的杠铃扛在肩上绕场一圈；另一名演员彼得·克雷洛夫则可以扳断 1 146 千克重的铁轨等。在中国，也有楚霸王举起千斤鼎和武松打虎的故事。

那么，人的力气是从哪里来的呢？

人的力气大小完全取决于横纹肌群的收缩力的强弱，它的基础是肌原纤维。每条肌原纤维收缩时，能产生 100 毫克～200

人体的肌原纤维

毫克的力。整个人体有1.5千万～3千万条肌原纤维，假如它们都朝一个方向用力，总共可以产生20吨～30吨的力，真是不简单！但实际上，这是不可能的，因为每条肌原纤维收缩的方向和时间不可能完全一致，所以，一个人最多可以产生0.5吨的力。这力量也是十分巨大的。

大力士

同时，科学家们发现，一个人的力量大小还取决于肌肉的横截面的大小。一个人经过锻炼，他的肌肉横截面会增大。在大力士身上，肌肉重量达到甚至超过体重的50%！常人的肌肉重量不高于体重的35%～40%。一个优秀的举重运动员可以举起与他同样体重的普通人举起的重量的3～3.5倍。

运动生理专家认为，决定肌肉的力量大小还与肌肉本身的工作原理有关。科学家发现，大力士能够使肌肉最大限度地收缩。肌原纤维的长度收缩到最大限度时，产生的力量也是最大的。如果在肌原纤维还没有完全放松时，再使它收缩，产生的力量将比前一次更大。

因此，可以通过训练提高肌肉的力量。据科学家估计，一个经过良好训练的大力士可以承受1 000千克的静力，能用双手从地上提起500千克以上的重物，双手推出300千克以上的重物。

球王贝利的"香蕉球"

20世纪80年代初，巴西著名足球运动员贝利荣获"球王"的美誉。他是一位对足球成为世界第一运动做出过巨大贡献的球员。英国足球媒体曾有一句著名的名言："生活在贝利时代是任何一个伟大足球运动员的不幸！"贝利精湛的足球技艺被全世界的足球爱好者所称颂。

1966年，在对保加利亚的比赛中，他以一脚"香蕉任意球"破门，成为足

"球王"贝利

球世界第一个踢出"香蕉球"的人，人们至今仍难以忘怀。

什么是"香蕉球"？

足球比赛中，在前场罚直接任意球时，对方会有五六名球员在球门前组成一道人墙，挡住进球的路线。有时，担任罚球的球员会起脚一记劲射，球绕过人墙，眼看要飞离球门，却又出人意料地划出一道弧线，拐进球门，让守门员措手不及，眼睁睁地看着足球进入大门。这就是神奇的"香蕉球"。

"香蕉球"，又称弧旋球。它与乒乓球运动员用削球或拉弧圈球来改变球的运行线路的道理是一样的。

足球运动员踢出的球，沿一条弯曲的弧线运行，这条运行路线有点像香蕉，因此，人们称它为"香蕉球"。在足球比赛中，"香蕉球"既隐蔽又刁钻，常常令守门员措手不及。那么，"香蕉球"是怎样踢出来的呢？

足球运动员用脚踢"香蕉球"时，只踢球的一小部分，把球"搓"起来，球受力，

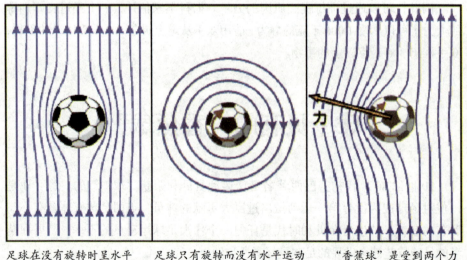

足球在没有旋转时呈水平运动　　足球只有旋转而没有水平运动　　"香蕉球"是受到两个力的作用后沿弧线运行

就发生旋转。当球在空中高速旋转时，一方面空气迎着球向后流动，另一方面，由于空气与球之间的摩擦，使球周围的空气带着一起旋转。这样，球一侧空气的流动速度加快，而另一侧空气的流动速度减慢。足球就会受到一个横向的压力差，使球向旁侧偏离，而球又是不断地在向前飞行，在这种情况下，足球就沿着一条弯曲的弧线运行了。这就是香蕉球的奥秘。

硬币为什么不会从佛像上掉下来

在河南洛阳的龙门石窟，许多游客簇拥在一座佛像前，他们争先恐后地把一枚枚硬币按在佛像的基石上，发出一阵阵的啪啪声。据说，谁能把一枚硬币黏在佛像的基石上，佛祖就会给他带来好运气。

河南洛阳的龙门石窟中的佛像

说来也怪，还真的有硬币被按在了佛像的基石上，没有掉下来。但是，大多数硬币不管你用多大的力气来按，总是从基石上掉下来。难道真的是神力在助人一臂之力！

其实，道理十分简单。它同我们日常生活中，用浆糊把邮票黏在信封上的道理是一样的，靠的是两个物体之间的分子吸引力。在分子之间具有一种电磁引力，它使分子之间相互吸引。虽然，分子之间的这种吸引力要比引力大 1 000 多倍，但是，它仍然十分微弱，只有在分子间相距很近的时候，才会发生作用；两者的距离越近，引力也越大。当两个分子间的距离小于 10^{-8} 厘米时，分子间的力表现为互相排斥；当分子间的距离介于 10^{-8} ~ 10^{-7} 厘米时，分子间的力表现为互相吸引；当分子间的距离大于 10^{-7} ~ 10^{-6} 厘米时，分子间的作用力就小到微乎其微，可以忽略不计了。由于，佛像的基石表面十分平滑、细腻，所以当光滑的硬币与佛像的基石贴得很近的时候，由于它们之间的分子引力的相互作用，使它们黏在一起。

那么，为什么不是所有的硬币都能黏在佛像的基石上不掉下来呢？这是因

壁虎的爪子

为硬币的表面看起来是很光滑的，但是，如果将它放在高倍放大镜下观看的话，就会发现它的表面是凹凸不平的，结构十分粗糙。这样的两个表面互相接触，只能有少数几个点的分子发生相互吸引作用，当然不能使硬币黏贴在佛像的基石上。

有一种计量工具叫标准量块。它们是一种厚度不等的长方形的金属块，表面被加工得非常光亮平滑。把两块这样的量块叠放在一起，只要稍加用力一按，它们就会黏连在一起。

壁虎长约 10 厘米，能在光滑如镜的墙面或天花板上穿梭自如而不会掉落下来。原先的说法，是它的脚底上有一种吸盘的结构，所以，可以吸附在墙壁上不掉下来。但是，最近科学家研究发现，在壁虎爪指的顶端，长有数百万根绒毛般的细纤维，这些极细的纤维又以数千根为一组，呈刮刀状排列。在高倍显微镜下观察，这些刮刀就像是长在绒毛顶端的花椰菜，具有很强的黏附力。试验证明：100 万根细纤维（其断面直径如一枚硬币）所具有的黏附力，约可托起一个 20 千克重的小孩。为什么会有这样大的黏附力呢？科学家认为，这是壁虎利用分子间的吸引力，克服了地心引力的结果。

这项发现给了科学家们很大的启示，在未来的微型机器人上，让其手足具有壁虎高超的攀援功能，便可以执行特殊的任务。

鸡蛋真好玩

关于鸡蛋，我们不陌生吧！相信不少的小朋友都吃过鸡蛋，但是，玩过鸡蛋的小朋友恐怕不多吧！其实，用鸡蛋可以做许多有趣的实验，帮助我们增进知识。让我们用它做些实验，获得更多的知识。

生熟鸡蛋。取一只生鸡蛋和一只熟鸡蛋，用手将两只鸡蛋在桌子上旋转一下，一只不仅转得慢，而且转了一两圈就停了下来，而另一只转得快，并且能连续转上好几圈。

为什么两只鸡蛋会转得不一样呢？

因为，一只是生鸡蛋，它里面是液体的蛋清和蛋黄。在转动蛋壳时，蛋清由于惯性，继续保持静止状态，它与蛋壳间产生了摩擦阻力，使整个鸡蛋只能缓慢地转动。另一只是熟鸡蛋，里面的蛋清和蛋黄已经凝固，与蛋壳形成一个实心整体。转动蛋壳时，蛋白、蛋黄和蛋壳一起旋转，所以熟鸡蛋转得就快。用这种方法可以很方便地将生鸡蛋和熟鸡蛋区别开来。

奶瓶吞蛋。取一只奶瓶，在瓶里放一点沙子，然后，将一小纸条点燃后迅速放入瓶中，再将剥了壳的熟鸡蛋（鸡蛋表面最好抹一层食用油）的小头朝下放在奶瓶的口上。当纸条熄灭后，瓶子就会将鸡蛋吞入肚中。

奶瓶为什么能将鸡蛋吞入肚中呢？

这是因为纸条在燃烧时，使瓶内的气体变热膨胀，一部分气体就跑到了奶瓶的外面。当鸡蛋随着瓶内气体溢出而下移至完全密封瓶口（不要漏气）后，纸条因没有氧气而熄灭，瓶内的空气温度因此而下降，气压低于瓶外的大气压力。在外界大气压力的作用下，鸡蛋就被吞入瓶子的肚里。

谁主沉浮。将一只煮熟的鸡蛋放入一杯水里，鸡蛋会沉入杯底。如果慢慢地往水里放入一些食盐，这时鸡蛋就会渐渐地上升，最后露出水面。

这就像人在含盐量很高的死海里会浮起来一样。因为固体在液体里受到的浮力与液体的密度有关。清水的密度小于鸡蛋的密度，鸡蛋在清水里就浮不起来。一旦，在清水中加入盐后，当水的密度超过了鸡蛋的密度时，鸡蛋就会浮起来。

剥壳诀窍。鸡蛋煮熟后，都会先把它放到冷水中浸一下，这样剥起蛋壳就容易多了。

这是在我们生活中不知不觉地应用热胀冷缩的原理。将煮熟的鸡蛋浸入冷水中，蛋壳首先遇冷收缩，然后是里面的蛋白冷却。由于

生鸡蛋与熟鸡蛋

– 21 –

会沉浮的鸡蛋

不同物质的热胀冷缩程度有差异，蛋白的收缩率要比蛋壳大，所以，当鸡蛋完全冷却后，蛋白与蛋壳就会相互脱离，这样剥蛋壳就比较方便了。

另外，刚煮熟的鸡蛋从锅里捞起来的时候，蛋壳外面都是水，拿在手中，不感觉太烫。过一会儿，蛋壳上的水逐渐消失了，这时感到蛋壳比刚捞上时更烫了。

原来蛋壳外面附着的一些水，在急剧蒸发时吸收了大量的热量，使蛋壳的表面温度下降，所以就感觉不到很烫。待它外面的水蒸发完了，鸡蛋内的温度还是很高，由鸡蛋内传到蛋壳上，使温度重新升高，这时的鸡蛋就会感到比刚捞上来时更烫手了。

奇妙的肥皂泡

小朋友，你玩过肥皂泡吗？用一根金属细丝扭成的框子，放到装有肥皂水的小瓶里蘸一蘸，然后，用嘴对着它吹一下，一连串晶莹透亮的、像珍珠般的肥皂泡，随着吹出的气流在空中飘浮。在太阳光的照射下，它闪烁着五彩缤纷的色彩，叫人赞不绝口。如此美妙的东西制作起来竟然如此容易，令人十分诧异。

其实，这是大自然的造化，液体具有普遍特性表面张力的作用。这种张力使液体表面蒙上了一层富有弹性的薄膜。在这层弹性的薄膜里包裹着空气，由于表面张力的作用，它就像拉长的弹簧一样收缩着，直到把里面的空气压到不能再小时，它才不再收缩。这时它就变成一个滴溜滚圆的小球。因为圆球的表面积最小。肥皂泡不能维持很长时间，因为肥皂水有重量，要往外面跑，结果肥皂泡上半部的薄膜变薄，经受不住里面的空气压力，空气就一下子从里面冲了出来，肥皂泡就破裂了。

尽管肥皂泡一捅就破，但是，它的形状却常常令人眼花缭乱。有时，两个肥皂泡会合在一起，两者之间总有一道薄薄的膜将它们两个分开。这道膜壁不

是平平的，总是由小的肥皂泡膜壁突向大的肥皂泡壁。这是因为小的肥皂泡内的压力要比大的肥皂泡内的压力大。

有时候，肥皂泡还会成一串串的泡沫，由成千个肥皂泡交错、重叠一起，千姿百态，实在难以形容。其实，它们很有规律。不管肥皂泡的形状如何扭曲，它们之间相连的角度

五彩缤纷的肥皂泡

有一定的规律。三个肥皂泡相连时成120度角，四个肥皂泡相连时成109.47度角。说来也十分奇怪，之所以有这样的规律，是因为符合肥皂泡的最小表面积的原则。据说，科学家用金属细丝做了各种形状的框圈来研究肥皂泡膜，发现它总是以某个表面积最小的形状出现。

几百年来，科学家像小朋友一样，一直在玩弄着肥皂泡。建筑学家将肥皂泡玩到了房顶上，出现了一种仿照肥皂泡形状的穹顶结构房顶；生物学家把肥皂泡的膜作为细胞膜的简单模式；冶金学家在肥皂泡沫和某些金属的晶体结构中找到了相似之处；数学家用肥皂泡更直观地研究数学问题。

有趣的表面张力

最近，美国麻省理工学院开发了一种能在水上健步如飞的微型机器人。它身长只有1厘米多，重量仅有1克。机器人的身体由碳纤维构成，有8条金属腿，在水面上像一只水上蜘蛛。它能像昆虫一样在水上自如漫步，它的行走速度很快，每秒钟可达到1米。

由于它的腿上覆盖着防水塑料，依

蜻蜓点水

靠着水的表面张力，不仅能使它浮在水面上不下沉，而且可以产生反弹力，使它向前移动。

什么是水的表面张力呢？

在静止的液体表面，好像有一层拉得很紧很紧的橡皮薄膜，有一股把液体的表面缩小的力量。所以，我们看到的液滴总是圆圆的，而不是方形或其他的形状。这就是它们被紧紧地拉聚在一起的缘故。这种作用在液体表面，使液体表面收缩到最小面积的力，就叫作表面张力。

水的表面有张力，当物体的重量比表面张力小时，物体就会浮在它上面。别小看了由表面张力形成的这层膜。在大自然中，一些像蜻蜓这样的小昆虫就能靠这层薄膜托着，舒服地停驻在水面上休息、觅食。平时，我们用的布伞就是因为有了这层水膜，雨水才不会从布的空隙中渗漏下来将人淋湿。但是，一旦遇到了倾盆大雨，那将会是另一番模样。因为密集的大雨点，会打破这层水膜，雨点就会渗透到布的小孔里，结果变成了"外面下大雨，里面落小雨"。

在我们的日常生活中，利用水的表面张力还可以做许多游戏。

在卫生纸上放一枚回形针

卫生纸沉入水中，回形针仍浮在水面上

浮在水面上的回形针

铁比水重，一块铁放在水中很快就会沉到水底。但是，一枚回形针却可浮在水面上。不信，你可以试验一下。在回形针的底下放一小张卫生纸，然后轻轻地放在水面上，卫生纸会慢慢地吸水下沉，但回形针仍会浮在水面上！

一艘没有动力的小船在水面上会自行行走，你信不信？用一小块薄塑料片（如薄垫板、投影片等），剪成前尖后平的小船的样子，然后，让它漂浮在水面上，再用一小块湿的肥皂，在它的后面点一下，哇！这艘小船真的开动起来了。还有一种办法是，在它的后面涂上一点洗洁精，它也会很快地向前跑。原来，这是肥皂或洗洁精破坏了船尾水面的表面张力，使船头的表面张力拉着小船前进的缘故。

达尔文与《物种起源》

1859 年 11 月 24 日，伦敦街头浓雾弥漫，雾中夹着黑烟，街旁的房子和路灯都笼罩在黑雾之中，使人无法辨认。尽管，天气如此恶劣，但是，伦敦的一家书店却从来没有像今天这样生意兴隆过。一早起，顾客就络绎不绝地涌进书店来。顾客中有教授、学者、大学生、农场主……令人惊异的是，每人进店都是来买一本绿色封面的书。这本今天刚刚出版的新书还散发着油墨的香味，在不到一天的时间里，就被购买一空。这本书第 1 版印了 1 500 本，当天便销售告罄。但是，仍有不少人从各地赶来，想购买这本新书。这些后来者为买不到这本新书而深感懊丧，纷纷不愿离开书店。书店老板只好答应他们，将以最快的速度重印第 2 版，以满足他们的要求。

1860 年 1 月，这本书的第 2 版问世，照样被抢购一空。到 1862 年，这本书已经重印了 5 次，并被译成 3 国文字。到 1882 年，这本书仅在英国就销售了 24 000 多册，并被译成世界上多种语言。这究竟是本什么样的书呢？它怎么会有这样的吸引力呢？翻开这本书的封面，在扉页上，写着一行很长的字：

"论借助自然选择（即在生存斗争中保存优良族）的方法的物种起源"

这是它的书名，由于书名实在太长，一般就称它为"物种起源"，作者查理·达尔文。

长着一个"牧师脑袋"的人

在英格兰西北部、风景如画的塞文河畔，有座幽静的小城，名叫希鲁兹伯里，它是英国施洛普郡的首府。这是一座花园般的小城。

1809年2月12日，这个小城中一个名叫罗伯特·达尔文的医生家中新添了一个小男孩，取名叫查理·达尔文，他是罗伯特的第5个孩子。

达尔文家是医学世家。他的祖父埃拉司穆斯·达尔文是一位名医和学者，英王乔治三世（1738—1820）曾召他到伦敦，任他的私人医生，但被他谢绝了。晚年，他对植物学颇有研究，在《动物生物学或生命规律》一文中，提出了与拉马克相似的进化观点，认为物种演变是有目的地适应环境的结果，是一位进化论的先驱者。他的父亲罗伯特医术超群，在希鲁兹伯里是一位有名望的医生，受到当地市民的信任和尊敬，后来还被选为英国皇家学会会员。查理·达尔文父辈的生涯，对他后来成为著名的博物学家和进化论的奠基人有很大的影响。

年轻时代的达尔文

达尔文的家建在塞文河边的陡岸上，屋前有一个大花园，种有许多果树和灌木。达尔文从小就喜欢收集各种植物、石头、甲虫……在他6岁那年，母亲苏珊娜带着他到花园里给树苗培土，他就问妈妈："为什么要给树苗培土？"苏珊娜回答说："因为泥土是万物生长的基地。"他又问："泥土为什么长不出小猫和小狗呢？"苏珊娜回答说："小猫、小狗是猫妈妈、狗妈妈生的，不是从泥土里长出来的。"达尔文又问："那么最早的妈妈是谁？"

苏珊娜耐心地回答说："希望你长大以后自己去找答案，做一个有学问的人。"达尔文从小就对周围事物产生了强烈的兴趣。在他后来的回忆中说道："我总是要弄清楚那些使我感兴趣的事物；每当我弄懂了一个复杂的问题时，我就会感到心满意足。"

1817年春天，8岁的达尔文进了当地的一所小学读书，第二年，他父亲把他送到一所以布特勒博士命名的学校读书。这是一所文法学校，主要教授古代语言、拉丁文和希腊文，很少教自然科学和现代语言。达尔文对学校开设的这些课程感到枯燥乏味，十分厌倦。达尔文在后来的自传中写道："这所学校严格地进行古典文学语言教育，除了一点点古代地理和历史外，别的什么都不教……这所学校对于我来说，简直是一个空白。"

幸好，校长布特勒博士比较开明，学校的制度比较宽松，课后达尔文可以研究他喜爱的自然科学。在他家花园中的工具储藏室里有一个小小的实验室。每夜，他家里的人早已熄灯睡觉了，这里却仍灯火通明，达尔文与比他大五岁的哥哥正在忙碌着做化学实验。

有时，达尔文喜欢到户外捕捉昆虫、搜集植物和采集矿石标本。

到了1825年，他父亲决定送他到爱丁堡大学学医，子承父业。

爱丁堡是苏格兰的首府，临福思湾，于12世纪上半叶建城。爱丁堡大学是英国最古老和最著名的大学之一。该校的医学院是颇有名气的。但是，爱丁堡大学枯燥无味的学习生活，使达尔文大失所望，达尔文失去了学医的兴趣。在爱丁堡大学，他学了两年三个月医学，他认为："什么都没有学到。"然而，爱丁堡大学有一个很好的图书馆，藏书非常丰富。达尔文酷爱读书，经常去图书馆看书，即使在暑假，他也是手不释卷。在这段时间，达尔文打下了自然科学方面的基本知识以及对科学研究的基础。课后，达尔文全身投入大自然中，他常与好友在海边采集海洋动植物标本，还常徒步旅行。通过旅行，他不断扩大自然科学知识，扩大视野。

达尔文的兴趣离医学越来越远，他父亲为此十分担忧，怕他会变成一个游手好闲的人。他父亲想让他去学神学，将来可以当个牧师。达尔文一家都是虔诚的基督教教徒，达尔文从不怀疑上帝的存在。同时，他认为，当牧师有很多空余时间，可以继续研究自然科学。因此，他接受了他父亲的建议去学神学。

真是无巧不成书，几年以后，英国有几个骨相家研究了他的头形后，不约

而同地发出"达尔文适于做一名牧师"的议论。达尔文的脑袋长得十分引人注目，浓重的眉毛、乌黑油亮的头发、高而突出的前额、有点上翘的鼻子，德国心理学会郑重其事地写信给达尔文，向他要一张相片，并以他的头型举行了一次讨论会。事后，该会的发言人宣布了讨论结果："达尔文教士的头盖骨隆起，发达得足以敌得上 10 个牧师。"

后来，达尔文回忆起这件事就觉得可笑。然而，要不是剑桥大学的一位名叫亨斯洛的植物学教授改变了他成为一名乡村牧师的志向，他差一点真去当了一名乡村牧师，应验了几个骨相家的预言。

长着一颗"牧师"脑袋的达尔文

1828 年初，达尔文进入剑桥大学基督学院。剑桥大学设于 13 世纪，基督学院是一所训练宗教人才的学院。达尔文在那里待了 3 年。尽管他对神学专业和牧师职业没有多大兴趣，但是每次的神学考试都能顺利地通过。然而，他把主要精力放在了他的博物学研究上。

达尔文酷爱搜集甲虫，他的箱子里有剑桥所有的甲虫标本，并编上了号码，注上了名称。有一次为了捕捉几只罕见的甲虫竟闹出了一个笑话。

他在一棵树的树皮中发现了两只罕见的甲虫，于是，他一手捉一只，不料，他又发现了第三只更为罕见的甲虫。这时，达尔文连忙把右手上的一只甲虫塞到嘴里，以便腾出手来捉那只甲虫。谁知，这种甲虫放出一股苦水，使达尔文的舌头灼得好痛，达尔文不得不将口中的甲虫吐了出来。这样不仅丢失了这只甲虫，而且连第三只甲虫也不知逃到何处去了。达尔文在这期间采集的甲虫，后来被英国著名的昆虫学家史蒂芬采用，编入了《不列颠昆虫图集》中，并在书中写着："查理·达尔文先生采集"的字样，这使达尔文高兴不已。后来，达尔文曾经这样写道："我记得，当我在一本关于甲虫的书里看到：'查理·达尔文先生采集'这几个字时，我感到十分骄傲。'采集'，比'捕捉'两个字要庄严得多。我觉得，这对一个人的光荣来说是足够的了。"达尔文在阿根廷

发现的一种甲虫是一种全新物种。它是一种隐翅昆虫，有一对成锯齿状的触须，十分罕见。因此，用达尔文的名字命名它为"Darwinilus sedarisi"，现在，这份标本存放在英国伦敦自然历史博物馆里。后来，人们为了纪念他首先发现这种甲虫，就称它为"达尔文甲虫"。

达尔文甲虫

走上生物学家之路

在剑桥的三年生活中，最使达尔文感到庆幸的是，结识了两位"对他一生产生重大影响"的老师和朋友，一位是著名的植物学教授亨斯洛，另一位是地质学教授塞奇威克。亨斯洛使他改变了人生的道路，塞奇威克激发起他对进化原理研究的浓厚兴趣。

1831年夏，当达尔文随塞奇威克考察威尔士北部高山回到希鲁兹伯里家的时候，亨斯洛的一封信正等待着他。亨斯洛在信中建议达尔文以一个自然科学家的身份参加"贝格尔"舰的环球航行。信中写道：

"我声明，我认为在我所知道的那些适合于这项工作的人中，您是最合乎条件的。我这样说并不是把您看作一个十全十美的自然科学家，而是由于您非常擅长采集、观察，并能察觉一切值得记载到自然史里的东西……望勿因谦虚而疑虑不决，或者担心自己的能力不

"贝格尔"舰

北美洲　欧洲　亚洲
大西洋　印度洋　太平洋
非洲
太平洋　南美洲　印度洋　澳大利亚

"贝格尔"舰环球航行线路图

足，因为我可以向您肯定地说，我确信您正是他们所要物色的人。"

但是，亨斯洛的这个建议遭到了达尔文父亲的反对，他认为这是"无益的事"，要达尔文回绝这一建议。然而，被达尔文全家所敬重的达尔文的舅舅乔赛亚却十分支持外甥去参加"贝格尔"舰的旅行，并写信给达尔文父亲，劝他答应达尔文前去，他父亲一向看重他舅舅的意见，同意了达尔文参加"贝格尔"舰的旅行。这次旅行使达尔文走上了生物学家之路，成为他一生的转折点。

"贝格尔"舰是一艘不大的木质方帆船，吃水仅 235 吨，船上有 10 门大炮。这次是它第二次环球旅行，前一次在 1826—1830 年。这次旅行主要是测量南美洲东海岸和西海岸以及毗邻各岛的地形，并作一系列的环球时间测定。

1831 年 12 月，达尔文来到了英国南部海岸城市普利茅斯的德文港，登上了"贝格尔"舰。12 月 27 日"贝格尔"舰正式启程作环球航行，直到 1836 年 10 月 20 日，才回到英格兰海岸，历时 5 年，渡过了大西洋、太平洋、印度洋，行程 25 000 海里，先后到达阿根廷、智利、秘鲁、巴西、澳大利亚、新西兰、塔希提岛、塔斯马利亚岛及非洲的一些国家，几乎周游了半个世界。

达尔文刚跨上"贝格尔"舰甲板时，是一个脑子里装满了上帝和《圣经》的说教的人。有一天傍晚，舰上的几名军官向达尔文提出一系列问题："我们到处看到如此丰富的生物种类是怎么一回事呢？""生物到底是怎样产生的？""生物是根据上帝的计划而创造出来的吗？"达尔文回答说，他相信神创造生物的说教。但是，在五年以后，当他离开"贝格尔"舰时，他变成了一位深思熟虑的思想家，对当代自然科学的根本基础神造论产生了怀疑，并抛弃了物种不变论和神造论，建立起生物进化论的思想。因此，达尔文在后来的回忆中说："'贝格尔'舰上的旅行，是我一生中最重大的事件，并且决定了我的全部研究事业。"那么，达尔文在这次旅行中究竟看到了什么？怎么会使他思想发生如此巨大的变化呢？"

　　每到一处，达尔文就忙着搜集陆地和海洋的生物标本或化石。在五年中，达尔文采集的珍贵的动植物标本和古动物化石达上千万种，从中得到了关于物种形成的重要启示。

　　达尔文在南美巴拉那河附近发现许多巨兽的骨化石，有许多动物的骨化石的形状与现代动物很接近。根据《圣经》的解释，这些动物的墓地是洪水的后果，但当地居民告诉达尔文，在以前的旱灾中，曾有大量动物死亡，在旱灾之后，往往是雨季，又造成水灾，于是就有大批动物尸体积在冲积土里。这才使达尔文明白，大批动物死亡的真实原因，是旱灾、水灾和其他的自然现象。

　　1832年12月17日，"贝格尔"舰停泊在火地岛，这里的海洋生物特别丰富。达尔文发现，海洋中的海藻是各种鱼类的栖息地和食物，鱼又是栖息在水里的鸬鹚、水獭、海豹、海豚的食物。如果海藻没有了，那么栖息在海藻中的各种海洋动物也将同归于尽。各种生物之间的相互关系以及对周围环境的依赖性，引起了达尔文的兴趣，使达尔文产生了生物相互间和生物对无生物界的依赖性的思想。

　　南美洲厄瓜多尔的加拉巴戈斯群岛，由于岛上盛产龟鳖，所以又叫"龟鳖岛"。它由10个主要岛屿组成，离南美大陆只有八九百千米。岛上除了龟鳖外，其他动植物也十分丰富，特别使达尔文感兴趣的是，这里有许多在大陆上未曾见过的动植物种，但和美洲的很相像。更使达尔文惊讶的是，各岛上的生物却又是那么的各不相同，"我真想不到，这些岛屿相隔只有近百千米，隔海相望，由同样的岩石构成，气候相同，高度相同，而栖居在它们上面的动植物竟有如此的差异……"

　　譬如，在这岛上，有一种雀类竟多达13种。达尔文对它的嘴、尾巴、体形和羽毛进行了比较研究，发现它们都是由同一个祖先演变而来的。原先，这里没有鸟，它们是从南美洲大陆飞到这儿的，随后，由于地理隔离，生活环境发生了变化，雀类的形态也发生了变化，不仅不同于南美大陆上的雀类，而且群岛中的不同小岛也出现了形态不

对达尔文进化思想产生重要启发的地雀

同的雀类。这正说明了动植物在外界环境长期影响下会发生变异。达尔文逐渐意识到，说上帝创造的生物是不变的，这是违背事实的。达尔文的神学思想被彻底动摇了。达尔文开始作为一个自然科学家进行新的探求，并进入了进化论的研究领域。

《物种起源》问世

　　达尔文回到英国后，先在剑桥住了三个月，着手研究他所搜集的标本，然后，达尔文搬到伦敦大马尔勃罗街，在那儿完成了《考察日记》的整理工作。1839年，《考察日记》出版了，以后达尔文又写了几部著作：《"贝格尔"舰航行期内的动物志》（5卷）、《"贝格尔"舰航行期内的地质学》（3卷）。但是，在此期间，物种起源的问题一直困扰着达尔文，植物和动物的新种是怎样出现的？形形色色的物种是不是从同一个祖先起源的？ 1839年，达尔文与他的表姐埃玛结婚。达尔文讨厌伦敦的喧闹和弥漫的烟雾，于是决定移居乡村。他父亲深知其意，在伦敦南郊25千米的唐恩为他购置了一座别墅，取名叫唐园。

　　唐恩是一座小镇，约有400户人家，3 400多人。唐园占地18英亩，别墅是一幢假三层的楼房，连接着厨房和杂用房，合成一个弓字形。前面有一个花园，种有樱桃、胡桃、梨、栗、李、苹果等果树。花园面积甚大，景色美丽如画。花园是达尔文休息活动和科学实验的场所。达尔文的书房在二楼，地板上铺着红色毡毯，沿墙紧靠书橱、书架，火炉右侧有只十分陈旧的小书桌，有很多抽屉，桌面可以随意放成斜面，便于阅读写作。书桌前放有一只大方桌，桌上有一盏白玻璃罩的火油灯，用以照明，书架上有药瓶和书，书橱放着达尔文用过的望远镜和显微镜。达尔文在这里生活了40年

达尔文的夫人埃玛

之久，写出了16部著作和许多论文。历时22年方告完成的《物种起源》一书也是在这里写成的。现在这里已被英国作为国家重点文物，对外公开开放。

正当达尔文为物种起源问题感到困惑的时候，马尔萨斯的《人口论》对他产生了很大的影响。达尔文后来谈到《物种起源》写作起因时，曾经这样说过：

达尔文故居

"1838年10月，我开始系统地研究马尔萨斯的《人口论》，书中马尔萨斯通过长期对动植物的观察提出了生存斗争的原则。这本书立即引起了我的兴趣，并使我想到，在生存竞争的条件下，强者获得生存，弱者就可以消亡，其结果便会是一个新的物种的诞生。从此开始，我最终掌握了新理论的关键所在。"

同时，达尔文开始对鸡、狗、鸽的新品种的培育进行系统调查研究。为撰写《物种起源》的提纲，又用了两年时间，将此提纲扩写成230页的详细提纲。就在这时候，达尔文因积劳成疾，病倒了，撰写《物种起源》一书的工作停顿了下来。过了差不多14年，达尔文在地质学家赖尔的敦促下，第3次动笔写《物种起源》，按照达尔文当时的计划，这本书的篇幅要比后来正式出版的《物种起源》大三四倍，但这要花费很多年月的时间。就在达尔文埋头写作《物种起源》的时候，他收到了一封侨居海外的英国青年科学家华莱士的来信及一篇题为《论变种无限地离开原始类型的倾向》的论文，时间在1858年6月18日。达尔文读完全文后十分惊讶，论文中的论点与他的理论竟如此相似。在此以前，他的朋友和亲属曾一再告诫他，赶快把他的理论发表出来，哪怕以摘要形式发表也好，免得有别人也想到这个类似的题目。这个"别人"

达尔文的书房

现在真的出现了。这时，达尔文的心情十分沉重，他为此理论研究了整整 20 年，这 20 年的心血眼看就将付诸东流。当然，这时达尔文也可以把他已写成的一半著作赶紧发表出来，但是，达尔文不愿意这样做。

1858 年 6 月 18 日，他写信给赖尔，"您说有人会赶在我前面，这句话竟然证实了……他的信上并没有要我把它发表，但是，我当然立刻写信给他，建议他寄给任何一个杂志。这样一来，我的全部独创的理论，不管它是怎样的，都变得平淡无奇了，但是，我的书如果将来还有一些价值，决不会变得一钱不值。因为全部著作都在我的理论的应用上。""希望您赞同华莱士的论文。"

一星期后，他又写信给赖尔说："华莱士那篇论文的全部内容，在我的纲要中都有，而且写得更充分，我的提纲是在 1842 年誊清，年前曾经由霍克看过。约在 1 年前（由于通信讨论几个问题），我还曾把我的观点的一个简短概要（我

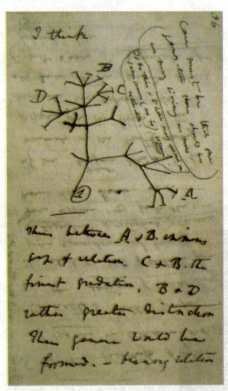

在一本 1837 年的笔记本中，达尔文画出了他最喜爱的隐喻——一棵生命树，细枝代表着各个物种

还保留着一份底稿）寄给爱沙·葛雷，因此，我可以非常忠诚地肯定并且证明，我并没有抄袭华莱士的任何东西。现在，我很想把我总的观点概要发表出来，约有十几页的篇幅，但是我没有把握，我这样做法能不能算是光明正大。"

赖尔接到达尔文来信后，就把达尔文和华莱士双方的论文一起寄给林奈学会的秘书，同时附了一封信说明。1858 年 7 月 1 日，林奈学会召开会议，会上宣读了达尔文和华莱士的联合论文，受到与会者的高度重视。

1858 年夏天，达尔文开始第 4 次写《物种起源》这本书。他在这本书中，把自己的理论作了概要的，但又全面性的叙述，写成了一本篇幅不大的书。1859 年 3 月，终于完成了初稿，10 月 1 日校毕全部清样，11 月 24 日这本绿封面的书正式出版了。

达尔文的《物种起源》是科学史上

的一个里程碑，被恩格斯称为"19世纪科学史上三大发现之一"，它标志着新的科学的物种进化论正式问世。正如达尔文所说的："人类的起源和历史将会得到科学的阐述。"

在《物种起源》的前四章中，达尔文用大量的事实和丰富的材料说明生物普遍存在着变异现象，变异的基本原因是生活条件的改变，生物不仅有变异性，而且有遗传性，"人工选择"和"自然选择"是进化的基础，人类通过"人工选择"可以培育产生新的物种，在自然界，物种通过自然选择而产生，"自然选择"则通过生存竞争而实现，"物竞天择，适者生存"是生物进化的基本规律。这里集中了达尔文进化论的一些最基本的观点。正如达尔文所说的那样："自然选择每日每时都在世界上发生着，优者生存，劣者消亡。各种变异现象是无时不在，无处没有，它们悄悄地，不为人们觉察地在起着作用……那些极其缓慢的进化的变化，只有在时光过了许多代以后我们才能看到。"

在《物种起源》的中间四章中，达尔文回答了对"物种进化理论的种种质疑。"后面几章，达尔文阐述了动植物的分类、形态和地理分布以及胚胎学的基本原则。最后一章，是达尔文关于物种起源和进化理论的科学小结。

达尔文在《物种起源》中的崭新思想，在许多领域产生了深刻的影响，特别是生物学、心理学、社会学等方面。它像射向旧学说的"火焰"，使宗教迷信的种种邪说原形毕露；它像"闪电"一样，在"上帝创世说"统治的黑暗世界展现出一缕光芒。

牛津激战

1860年6月30日，英国科学促进协会要在牛津大学举行有关达尔文进化论的科学演讲的消息传出后，这天清晨，一群大学生、记者、教授、学者、绅士以及教会人士都涌向了牛津大学的讲演厅，把整个讲演厅挤得水泄不通，后来因为来的人实在太多，只好移到了图书馆的阅览厅。牛津的大主教韦柏福斯也来了，他是位有名的雄辩演说家，他就是冲着达尔文的进化论来的。一场进化论与宗教的激战就在眼前。

有"达尔文斗犬"之称的赫胥黎

韦柏福斯大主教出现在讲台上，它指责达尔文的理论不近情理，不令人信服。他取笑在座的达尔文学说的拥护者赫胥黎教授说："我想问问坐在我对面的赫胥黎教授，看光景到我做出结论时，他就要把我身体撕碎了！我要问他，他对于人类出身无尾猿是怎么想的？他认为，他自己究竟在祖父方面，或者祖母方面是无尾猿的后代呢……"

赫胥黎再也沉默不下去了。他站出来用平静的语调指出大主教讲话中的许多错误，并赞扬达尔文的理论不是一个抽象的理论，它不过把大量的各种事实，用思考的线索连接起来……这个理论是复杂和多方面的……我认为，这是对物种起源的最好解释，没有再好的了。在回答大主教人起源于无尾猿的问题时，赫胥黎说："一个人毫无理由要为了他的祖先是一只无尾猿而感到害羞。如果他是这样一种人，那我倒是要为他感到害羞的；这种人不安本分，信口乱道，不满足于自己活动范围的可疑的成就，还要在他一窍不通的科学问题里硬插一手，只为的是凭自己的花言巧语，把这些问题弄得糊里糊涂，用那些东拉西扯的离题话，在巧妙地利用一些宗教偏见，把听众的注意力从真正的争论焦点引到别的地方去。"

会场上爆发出一阵热烈的掌声，给大主教有力的一击。当时，还有许多人起来讲话，支持达尔文的进化论。达尔文学说终于在牛津激战中取得了胜利。

之后，在欧洲大陆的其他国家（德国、法国）的大科学家也开始拥护达尔文学说。达尔文的学说不断深入人心，并广泛传播。世界各国的科学院、科学团体都给达尔文颁发了奖章、勋章，赠给他

早年讽刺达尔文进化论的漫画

各种各样的头衔。

接着，达尔文又发表了《动物和植物在家养条件下的变异》《人类起源与性选择》和《人类和动物的表情》三部生物学著作，对人工选择做出了更为详尽的叙述，进一步通过性选择和人猿同祖，证明人类是由动物进化而来的，从而深化了进化论的内容。

晚年的达尔文

1882 年，达尔文写完了《植物土壤通过蚯蚓作用的形成》一文后，感到心悸得厉害，脉搏微弱。几天后，他刚到一位朋友家里，就发病了，妻子埃玛给他服了一点奎宁，使他能支撑一时。4 月 19 日，达尔文平静地去世了。达尔文的妻子原想将他葬在唐恩的一个古墓地里。在那里，达尔文可以与他哥哥以及他的两个孩子长眠在一起，埃玛本人也准备死后葬在这里。

但是，达尔文的老友、国会议员卢伯克主张达尔文应葬在西敏寺教堂的墓地里。西敏寺是英国最重要的一个教堂，从 1 世纪开始，所有英国国王和女王都在这里加冕，死后也都安葬在这里。卢伯克发起由 20 名国会议员签署的一封信给西敏寺教长乔治·布雷德利博士：

"敬启者：

吾国之杰出人士达尔文先生已逝世，其遗体应葬于西敏寺中，此举当受吾国各阶层以及具有各种主张之大多数人民所欢迎。故建议如上，尚希勿以冒昧而见罪也。

此致

西敏寺教长

1882 年 4 月 21 日于下议院

西敏寺教长接受了这项建议，将达尔文的墓地安排在中堂的北廊，跟牛顿墓地相距几英尺的地方。达尔文的葬礼成为英国历史上最伟大的葬礼之一。

1882 年 4 月 26 日，胡克、赫胥黎、卢伯克、华莱士扶着灵柩走在送葬队伍的前面，在送葬队伍前有一个大花圈，接着是牧师、教长的代表、家族成员、各国科学家代表以及达尔文的亲朋好友，把达尔文的灵柩一直送至墓地安葬。

一桩历史公案

1859 年，达尔文出版了《物种起源》之后，马克思是最先了解达尔文研究的全部意义的人之一。

1873 年 6 月，马克思的《资本论》第一卷（第二版）出版了，马克思曾将此书赠给达尔文，并在书的扉页上题词：

"赠给查理·达尔文先生

您真诚的钦慕者卡尔·马克思

1873 年 6 月 6 日于伦敦梅特兰公园莫丹那别墅一号"

1873 年 10 月 1 日，达尔文在收到《资本论》第一卷以后，给马克思写了一封热情洋溢的信：

"亲爱的先生，——我感谢您送给我您的伟大著作《资本论》的荣誉；我深愿我能够更深切地了解那些政治经济学上深长而且重要的题目，使我受之无愧，虽然我们两人的研究方面是这样的不同，但我相信我们都是努力希望扩张知识的人；并且经此长途以后，一定能够增加人类的幸福。

亲爱的先生，永远对你忠实的，查理·达尔文"。

马克思像

可是，时隔五十年后，出了一桩达尔文拒绝马克思馈赠《资本论》法文版的公案。事情经过是这样的。

1931 年，苏联一份《在马克思主义旗帜下》杂志，刊登了一封据说是达尔文于 1880 年 10 月 13 日写给马克思的信，信中说：

"亲爱的先生：

接到您亲切的信和附件，非常感激。无论用什么形式发表您对我的著作的意见，完全不必取得我的同意。要我同意并不需要我同意的事情，那是可笑的。我希望您不要把您的著作的一篇或一卷题献给我（您想向我表示的敬意我很感激），因为这在某种程度上是说我赞成您的全部著作，其实我对您的全部著作毫无认识。因为我在一切问题中坚持拥护思想自由，所以我终究认为（正确与否，反正都一样）反对基督教与有神论的直接论据对于大众恐怕不会产生任何印象，同时我认为用科学进步的成就来对理智逐渐加以教育最有益于思想自由。因此，我永远有意识地避免写作关于宗教的文章，使自己不越出科学的雷池一步。不过，不论我怎样支持对宗教的直接攻击，我使我的家庭中某些人所遭受的那种痛苦的思想，对于我可能比应有的影响更大。

拒绝您的请求我感到非常难过，可是我老了，而且很衰迈，校样的审查非常使我疲倦（根据最近的经验，我相信如此）。

忠实于您的达尔文"

这本杂志的编者还对此信加了一段按语：

"达尔文对马克思请他审阅（英文版《资本论》）引用进化论的有关章节（第十二章和第十三章）校样的复信。早在1873年10月1日的信中感谢马克思赠他《资本论》法译本时，达尔文就强调，由于不懂政治经济学，认为自己不太有资格接受这一惠赠；如今又拒绝接受把有关章节献给他的荣誉，唯恐会怀疑他在某种程度上赞同这部被资产阶级咒骂的著作……"

从此，达尔文就蒙上了"害怕自己的名字和伟大革命家的名字连在一起"的罪名。以后出版的许多报刊、著作和工具书对达尔文的评价都做出了类似的不正确的评价。1958年，中国青年出版社出版的《西方名著摘要》（自然科学部分）的译本中，译者在介绍达尔文生平时说："他不愿和资产阶级社会对立，极力逃避革命运动，当马克思因表示尊重而赠他一本法译本《资本论》时，他甚至都没有勇气接受。"

1986年出版的《简明不列颠百科全书》（中译本）仍有这样的评述："马克思拟将英文版《资本论》题献给他，但达尔文以不愿跟对宗教的攻击发生联系为由予以拒绝。"在达尔文身上投下了不光彩的阴影。

1977年，苏联学者鲁佳克经过多方考证，终于弄清了事情真相。原来，这封信是达尔文写给马克思的女婿爱德华·艾威林的，信中所讲的著作不是《资本论》，而是艾威林的《向大学生介绍达尔文》一书。达尔文蒙受了将近46年的不白之冤终于弄清楚了。

1880年10月12日，艾威林致信达尔文，讲述了他正在编辑一套丛书，丛书第二本是评论达尔文的著作和学说的。信末写道：

"请您同意把第二本书献给您，这对我的书和我都是一种荣誉，如果您不嫌麻烦，我将很乐意把我的书的校样陆续寄给您。"达尔文在回信中提到："拒绝您的请求我感到非常难过，可是我老了，而且很衰迈，校样的审查非常使我疲倦。"指的就是艾威林编的那本书。后来，艾威林出版的《向大学生介绍达尔文》一书上仍写着："怀着深刻的敬意和感激献给查理·达尔文——作者"的字样。

达尔文学说传入中国

1840 年的鸦片战争，外国的洋枪洋炮打开了中国闭关锁国的大门。同时，清朝的上层统治集团在国内国外政策方面有一个较大的变化，掀起了一股兴办洋务的热潮，主张学习西方先进的科学技术。这时，西方科学技术知识大量传入中国。

达尔文的生物进化论学说是 19 世纪最重要的科学成果之一。大约在 1873 年，中国人就知道英国有个叫达尔文的科学家。

1873 年(清同治十二年)旧历闰六月二十九日，《申报》上登载过一篇题为《西博士新作〈人本〉一书》的报道：

"英国有博士名大蕴（达尔文）者，撰著各书，大显于世，近所新作者，则又有《人本》一书，盖以探其夫宇内之人，凡属性情血气是否皆出于一本也。其未著是书之先，曾将其意颁授寄居世间各隅之士，托其究查各族人类，其性情之露于形象者，若何异同，即知其性情之秉于赋畀者有何异同。即以华人而论，其畅适之时，是否展眉张口？其骇惧之时，是否缩身战股？其惭愧之时，是否面红耳赤？至于愤怒若何？怨恨若何？由一人以推之万人，由一方以达之万方，若皆一例而显露，则可见天生之性，亦归一本，否则恐有歧出之根枝也。现其书已将告成，先由西文译其大略，如此西人之用心实学于此，亦可见一斑矣。"

文中的"英国博士大蕴"就是达尔文，《人本》一书，即达尔文 1871 年出版的《人的由来及性选择》一书。

这则报道离达尔文出版《物种起源》一书也只有十余年，离达尔文的《人的由来及性选择》一书出版只有一二年。在这么短的时间里，中国人就知道达尔文其人及其新问世的著作内容。

1873年，华蘅芳翻译出版了英国著名的地质学家赖尔的《地学浅释》（即《地质学原理》），书中虽然没有提到达尔文的名字，但对他的进化论学说有所论述。

1891年，在格致书院编的《格致汇编》中的"博物新闻"栏内正式报道了进化论的观点，遗憾的是没有提到达尔文的名字。

1895年，严复在一篇《原强》的文章中，向中国人介绍了达尔文。严复早年留学英国，正值达尔文进化论在西方广泛传播，他自己深受影响。严复在《原强》中写道："达尔文者，英之讲动植物之学者也。承其家学，少之时周游寰瀛，瓦珠品诡质之草木禽鱼，褒集甚富，穷精眇虑，垂数十年而著一书曰：《物种探原》。自其书出，欧美二洲几于家有其书，而泰西之学术政教，一时斐变。论者谓达氏之学，其一新耳目，更革心思，甚于奈端氏（即牛顿）之格致天算，殆非虚言。"严复在介绍达尔文《物种起源》时着重介绍了其中的两章："其书之二篇为尤著，西洋缀闻之士皆能言之，谈理之家撼为口实。其一篇曰：物竞；又其一曰：天择。物竞者，物争自存也；天择者，存其宜种也。"

1895年，严复开始翻译英国科学家达尔文进化论的热情支持者赫黎胥所写的《进化论和伦理学》一书，严复取该书的前半部译为《天演论》，介绍进化论思想。1897年《天演论》在严复创办的《国闻报》增刊《国闻汇编》第2、第4、第5、第6册上登载，1898年正式出版译本，受到中国知识界的欢迎。在短期内，《天演论》就有30多种版本，仅商务印书馆先后重印24次之多。

另外，有关达尔文的报道还可见于《庄谐选录》卷七，其中有一篇《猫》的短文：

"西人新说，谓猫全身毛片纯白而眼绿者，其耳必

英国有博士名达蕴善撰著各书大显於世近所新作者则又有人本一书盖以探其夫宇内之人凡属性情血气是否皆出於一本也其未著是书之先曾将其意颁授寄居世間各隅之士託其究查谷族之人其性情之露於形像著若何异同即知其性情之秉於赋畀者有何异同即以华人而論其畅適之時是否展眉舒口其懊懼之時是否缩身戰股其慚愧之時是否面紅耳赤至于憤怒若何怨恨若何由一人以推之萬人由一方以達之萬方若皆一例而顯露則可見天生之性亦歸一本否則恐有歧出之根株也現其書已將告成先由西憲譯其大略如此西人之用心寶學於此亦可見一斑矣

《申报》上介绍达尔文新著《人的由来及性选择》

— 41 —

《物种起源》的部分中文译本

聋，事出达尔文书中。"

这里所说"事出达尔文书中"是指达尔文的《物种起源》第一章"在家养状况下的变异"中。《庄谐选录》一书出版于1904年（清光绪三十年），编者汪康年。在全书卷前："初印志语"中交代说："第一卷至第七卷，皆戊戌、己亥所录"。此当在1898—1899年，和严复出版《天演论》相近。

1903年，上海还出版过一本《天演学初祖达尔文传》，译者为李郁，它的出版虽比严复的《天演论》成书晚了五年，但它是达尔文本人著作的第一中文译本，开了翻译达尔文著作的先河。1919年，马君武用文言体翻译了达尔文的《物种起源》正式出版，书名为《达尔文物种原始》，是根据日文翻译过来的。1947年，周建人重译《物种起源》（书名作《种的起源》），新中国成立之后，周建人、叶笃庄、方宗熙合译《物种起源》。达尔文的其他著作也都译成中文，介绍给中国读者。

探寻郑和之路

600 多年前的一个 7 月，在江苏太仓刘家港（今浏河镇），云集着一支庞大的船队，一个叫郑和的人将率领这支船队进行被后世称为"下西洋"的远洋航行。

郑和其人

有关郑和的身世，在《明史》郑和传中只有寥寥几十字："郑和云南人，世所谓：'三宝太监'者也。初事燕王于藩邸，从起兵有功，累擢太监。"

郑和，1371 年出生在云南昆阳（今云南省晋宁县），本姓马。他的祖籍现已无从考证。据说，他的祖辈很可能来自遥远的西域。当年，元世祖忽必烈率领蒙古铁骑进入云南后，他们也随之而来，并在云南昆阳安家落户。

郑和出生在一个穆斯林的家庭中，有一个哥哥、一个姐姐、三个妹妹，他排行第三，小名就叫"三宝"。他的祖父和父亲不是一般的穆斯林，而是曾经朝觐过伊斯兰教圣地麦加（今沙特阿拉伯西北部）和克尔白的穆斯林。麦加远在千里以外的阿拉伯半岛，克尔白是麦加大清真寺内一座方形石殿。相传，石殿内有一块受阿拉伯人崇拜的黑石头，这块从天而降的黑石头镶嵌在石殿的东南面墙壁上。凡朝觐过克尔白的穆斯林就被尊称为"哈只"，即"巡礼人"或朝圣者之意。他的祖父和父亲也被当地人称为"哈只"。

在郑和幼年的时候，他经常听他父亲讲述朝觐麦加途中的种种见闻。这在他幼小的心灵中留下了难以忘怀的印象。

坐落在福建长乐的郑和雕像

1381 年，不幸的命运之神降临到了他的头上，这年他刚好 10 岁。明太祖朱元璋为了消灭在云南的元朝残余势力——梁王政权，派大将傅友德、沐英率 30 万大军南下，大举进攻云南，前后用了 5 个月的时间，于 1382 年年初，击溃梁王政权，平定云南。此时，郑和的父亲在纷乱的战火中，不幸病故。不知什么原因，战争结束后，聪明伶俐、才华出众的郑和成了明军的"战利品"，被解往南京，掳进皇宫。不久后，他又被明太祖朱元璋赐给在北京当燕王的儿子朱棣，成为朱棣燕王府中的一名侍童。后来他被强行阉割，成为燕王府中的一名小太监。

在燕王府中，由于他"公勤明敏，谦恭议密，不避劳作"，深受大家的喜欢。作为燕王的一名侍从，他经常随燕王赴塞外出征作战，从中学到了不少军事知识和运筹帷幄的本领。由于他做事颇具魄力，吃苦耐劳，逐渐受到燕王的宠幸和重用。

1398年，朱元璋在南京驾崩，他在遗诏中将帝位传给长孙朱允炆。一年之后，1399年8月，燕王朱棣发动了历史上著名的"靖难之变"，从北京起兵，南下攻打明朝的都城南京。

在这场皇位的争夺战中，郑和跟随朱棣左右，异常勇敢机智，多次立下奇功。尤其在"靖难"之初，明将李景隆趁朱棣攻打大宁之机，包围北平，郑和出生入死，连破李景隆七营，斩首级数万，俘敌数万，取得了自"靖难"后的首次大捷，扭转了整个战局，朱棣对此念念不忘。从此以后，郑和深得朱棣宠信。

1402年，朱棣攻克南京，1403年登基成为明成祖，即刻任命郑和为宫内太监，专司营建宫室及供应皇室所需。

1404年正月初一，明成祖特意举行了一个隆重的"赐姓"仪式，亲撰"郑"字恩赐郑和。从此"马三宝"便被"郑和"所替代。

明初，皇上恩赐姓氏的人为数不少，但是，一个宦官得到明成祖恩赐姓氏的非常罕见。从中可见明成祖与郑和的关系非同一般。

郑和的船队

1403年，朱棣从他的侄子手中夺取王位后，他的侄子却下落不明，"成祖疑惠帝（朱允炆）亡海外，欲踪迹之，且欲耀兵异域，示中国富强"，就命郑和出使西洋。郑和在年幼时就对外洋情况比较了解，他又是朱棣的亲信，于是出使西洋的任务就落在了郑和的肩上。

郑和船队

1405 年 7 月 11 日，郑和率领一支庞大的船队扬帆启航，从浏河口进入长江，然后浩浩荡荡驶入大海，开始了郑和的第一次下西洋。

这支船队共有大小船只 208 艘，载人 27 800 余人，其中大型宝船就有 62 艘，此外，还有马船、战船、座船、粮船、水船等。

宝船是船队中最大的船，也叫"帅船"。据《明史》记载，它长达 44 丈（约 146.6 米），宽达 18 丈（60 米）。它有 4 层结构、9 根桅杆、12 张帆，船首镶嵌着象征中华民族神圣的龙目，船尾有鹰球龙凤呈祥等装饰。宝船的内部装饰更是精美绝伦，据罗懋登的小说《三宝太监西洋记》上的描述：宝船"第一号是个帅府，头门、仪门、丹墀、滴水、官厅、穿堂、后堂、库司、侧屋，别有书房、公廨等类，都是雕梁画栋，象鼻挑檐。挑檐上都安了铜丝罗网，不许禽鸟秽污"，真是规模宏大。宝船主要给官员乘坐，以及装载明朝赏赐各国的礼品和各国朝贡的珍宝。

马船长 37 丈（约 123.3 米）、宽 15 丈（50 米），有 8 根桅杆，是一种快速综合补给船，也能用于作战。马船主要供船队中的中级官员、技术人员乘坐，还用于装载军需物资、生活用品、武器弹药以及修船设备等，各国朝贡的珍禽异兽也装载在马船上。

战船长 18 丈（60 米）、宽 6 丈 8 尺（约 22.6 米），有 5 根桅杆，船上配有火器和将士，可以进行水面作战。

座船（又称战座船）长 24 丈（80 米）、宽 9 丈 4 尺（31.3 米），有 6 根桅杆，是一些将领乘坐的海船，用于防御海盗袭击。

郑和宝船模型

粮船长 28 丈（93.3 米）、宽 12 丈（40 米），有 7 根桅杆，主要装载粮食和副食品。

水船专门用于运载淡水，其大小与粮船相似。

不要说郑和船队与后来的哥伦布、达·伽马、麦哲伦的几百人的航海相比，就是在现在，这支船队也是非常庞大和壮观的。

郑和的七下西洋

郑和自 1405 年首次下西洋，到 1433 年最后一次下西洋回到南京，前后七次，历时 28 年，遍历东南亚、印度洋以及非洲东部等 30 余个国家。郑和对七次下西洋没有留下片言只语，但是，在明代有一部记录他和部属七下西洋的档案《郑和出使水程》，可惜后来被人毁了，现在，我们只能从《明史》的郑和传（只有短短的几百字）以及明人的笔记类作品中了解一二了。

第一次下西洋是在 1405 年，从江苏的刘家港出发，在福建长乐五虎门港装载最后一批货物以及补足淡水和粮食后，船队穿过波涛汹涌的台湾海峡，驶入浩瀚无垠的南海，掠过南海诸岛，到达了占城国（今越南中南部）。1406 年 6 月 30 日，又抵达爪哇岛，先后途径旧港（今印尼巨港）、苏门答刺、南淳里（今印尼苏门答腊岛北部），又从南淳里进入印度洋到达锡兰（今斯里兰卡），随后直趋古里（印度西海岸卡里库特）。在古里，郑和勒石立碑，纪念这次远航活动，然后开始返航。

1407 年 10 月，郑和率领的船队满载着象牙、胡椒、香料和药材，顺利返回中国，受到明成祖朱棣的褒奖。

过了不久，朱棣又下旨要郑和再次下西洋。

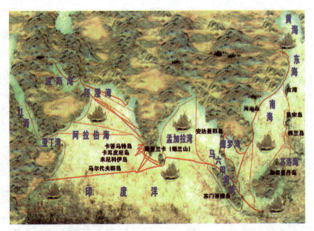

郑和下西洋航海图

1407 年 10 月，郑和又开始了第二次下西洋。这次到了真腊（今柬埔寨）、迄罗（今缅甸）、加异勒（今印度南部的卡异尔）、柯枝（今印度科钦）、甘巴里（今印度泰米尔纳德邦的科因巴托尔）、阿拔巴丹（今印度阿默达巴德）等地。1409 年 1 月抵达古里，同年 8 月回国。

1409 年 10 月，郑和奉旨第三次下西洋。先抵占城，经爪哇到满剌加（今马来西亚的马六甲），分遣另外一支船队从占城直驶暹罗（今泰国）。满剌加濒临马六甲海峡，为南海通往印度洋的咽喉之地。郑和船队在满剌加建立起临时的转运基地，随后他们驶出满剌加，经阿鲁（今苏门答腊岛日里河流域）、苏门答刺、南淳里到锡兰。郑和的船队又驶向小葛兰（今印度柯钦南），途径柯枝，最后再度来到古里。1411 年 5 月 6 日，郑和船队平安返回到中国。

1412 年 12 月 18 日，朝廷命令郑和第四次下西洋。这次航行，郑和还聘请了通晓西亚语言的西安大清真寺掌教哈三，充任翻译。1413 年 10 月，郑和率船队开始了第四次下西洋。这次航程比以往三次都远，除了东南亚各国外，还到了溜山（今马尔代夫首都马累）等地，并通过溜山，继续西航，直达波斯湾的忽鲁漠斯（今伊朗阿巴丹附近）。1415 年 8 月 12 日，忽鲁漠斯国王还遣使者随郑和一起到南京朝贡，结束了郑和的第四次下西洋。

1417 年冬，朱棣再次下旨，派郑和第五次下西洋。郑和率领船队，先抵达满剌加，然后将船队分成几队，分头前往锡兰、古里、忽鲁漠斯诸国。郑和则率大部队穿过马六甲海峡，经锡兰，西进直接去非洲。经过 20 多天的航行，终于穿过了印度洋。郑和准备航行去麦加朝觐，结果一阵飓风，把郑和的船队吹向南方，到达了剌撒（今也门木卡拉附近）。郑和只得将船队驶出红海海口，沿着非洲东海岸向南航行，先到达哈浦泥，后到达木骨都束（今索马里摩加迪沙）。离开木骨都束不久，到达卜剌哇（今索马里的不腊瓦），又南航至非洲赤道以南的竹步（赤道以南，索马里的朱巴河口一带）、麻林（今肯尼亚马林迪）等地，随后穿过莫桑比克海峡，绕道马达加斯加岛南端返航，于 1419 年 8 月抵达抵南京。

1421 年，郑和第六次下西洋，率领船队到达了东非海岸今肯尼亚、坦桑尼亚、索马里等国，于 1422 年回到南京。

1424 年，成祖驾崩，仁宗即位。新皇帝废止一系列的对外政策，郑和的航海事业告以中断。7 年后，仁宗的儿子宣宗诏令郑和出海。1431 年，郑和第七次下西洋。郑和的船队遍访亚非近 20 个国家和地区，最令郑和欣慰的是到达了他日夜向往的圣地麦加。1433 年郑和的船队回到了南京。

1435年，郑和不幸在南京病故，葬于南京牛首山麓，从此结束了他一生的航海事业。

郑和七下西洋，受到沿途各国的友好款待。在其28年的航海生涯中，只发生了3次军事行动。一次是在印尼，由于当地的东西两王相争，误将他们当作是对方的军队，造成了误伤，后来很快消除了误解。第二次是他们返途中遇到一股海盗，在郑和的指挥下，很快将他们歼灭，并活捉了海盗头领陈祖义，将其押解南京，斩首示众。第三次是锡兰国王妄图抢夺郑和船队，郑和率领2 000名士兵，一举攻破锡兰都城，生擒了国王，并将其押解回南京，后明成祖将其宽大处理，放回了锡兰。

郑和留下的遗迹

郑和下西洋，至今已有600多年的历史，但是，在郑和到达过的30余个国家中，仍保留了不少的历史遗迹和传说。据有人统计，在海内外，与郑和有关的命名物多达140多处。

在东南亚，为郑和修建的祠庙就多达14座。印度尼西亚的爪哇岛上有三宝公庙；泰国有三宝庙和三宝寺，三宝庙中供奉的郑和像高达30多米，盘坐在一个莲花座上；马来西亚的槟城有纪念郑和的大伯公庙、三宝大神，柬埔寨有三保公庙。

在马来西亚的马六甲市，有一座"三宝山"（又称"中国山"），上面留有许多关于明朝三宝太监郑和的遗迹。这里曾流传着"一位中国公主和一口神奇的井"的故事。相传，郑和第一次下西洋，曾访问过马六甲王国。在1460年，明朝皇帝将他的女儿许配给马六甲

马来西亚的马六甲市的三宝寺中的郑和石像

苏丹满速沙，苏丹将三宝赐给公主的500个随从定居。在山麓上建有三宝街，山下建有宝山寺（又称"三宝庙"）。寺内供奉郑和坐像。寺庙建于1795年，正门入口处有一副对联："五百年前留胜迹，四方界内显英灵。"寺旁还有一口井，名"三宝井"。传说喝了此井的水，定会再回马六甲，郑和曾因喝了这井水，好几次到马六甲访问。庙后的山坡又称"三宝坡"，是当年郑和曾驻足环视的地方。

在印尼雅加达的一座公园里，有4门郑和大炮。在印尼用三宝命名的城市有三宝垄、三宝墩。在印尼的巴厘岛上还建有三宝厨师庙。

在马来西亚的槟榔屿有一块有脚掌状的凹形巨石，称为"郑和脚印"。这脚印长达1.2米，当地人传说这个"脚印"能给人们带来好运气。

在印度南部的一个科钦（古称"柯枝"）半岛上，岛上有一棵枝繁叶茂的古树，树下有一块英文石碑，上面写着："大约在1350—1450年，中国人从科兰加诺尔迁居到科钦，并把这种中国渔网带到了这里……"所谓"中国渔网"实际上是一种捕鱼的方法，用四根木棍的一端绑住渔网，沉入水中，四根木棍的另一端收拢起来，然后用一根长棍固定在木架上，渔民可利用杠杆原理来收网和放网。这种渔网在当时是很先进的。这个时间正好是郑和船队七次经过这里。

在斯里兰卡的博物馆里，有一块当年郑和下西洋时留下的布施碑，又叫"行香碑"。这个碑是当年郑和送给斯里兰卡的礼物。

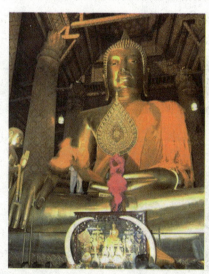

泰国三宝公庙中的郑和神像

在泰国的清迈，有一支郑和的后裔。郑和是太监，没有后裔，但当时，皇帝恩准把他哥哥的孩子过继给他做儿子，这个儿子繁衍出的后裔，一支留在南京，还有一支到了云南。云南的一支，有一部分人后来到了泰国的清迈。在泰国的清迈有一座百年老木屋，里面住的几个老妇人，她们都是郑和的后裔。

在肯尼亚的帕泰岛上，有一个法茂人居住的村庄，村外小河绕着村子流淌，河上有一座小石桥，小石桥上牧童牵着老黄牛，其景象就是中国江南的一个小村庄！这个村庄叫"新语村"，住在村里的法茂

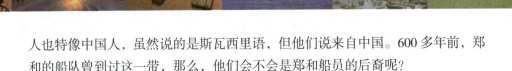

人也特像中国人，虽然说的是斯瓦西里语，但他们说来自中国。600多年前，郑和的船队曾到过这一带，那么，他们会不会是郑和船员的后裔呢？

一幅与郑和有关的版画

在郑和下西洋的话题中，人们最感兴趣的是郑和的船队。因为这支庞大的船队，没有为我们留下一艘船和一张船的图像，只有一些不很精确的文字描述，尤其是船队中的宝船，传说纷纭，所以，对于郑和船队的船究竟有多大？是什么式样的船，这一直是科学史专家关心的问题。有一次，中国科学院自然史研究所研究员金秋鹏先生在翻阅《中国美术全集·版画》时，发现有一幅版画，图上有一支船队，很像郑和的船队。这幅版画是《天妃经》中的一幅扉页画。

天妃，即海上女神妈祖。她原来是福建湄洲的一个渔家姑娘，姓林，名默，生于1000多年前北宋的福建兴化莆田县的湄州屿。父亲林愿是当地的一个巡检（小官吏）。因她生下来后，从不啼哭，所以她父母给她取名"默"，长大后，周围乡亲都叫她默娘。因为生长在海边，她常常在海水中游玩，因此水性很好。当有客商、渔民在海上遇难，她经常会在狂澜中救人性命。她28岁还没成家，一次，她出海救人，不幸遇难身亡，乡亲们不愿承认林默已经死去，说她升天成仙了。并在当地修建了纪念她的祠堂，成为最早的海神庙。此后，每当有船出海，船民都会来海神庙祭拜，以求在海上遇险时，能得到默娘的保佑。林默的地位也由当初的林姑娘、夫人、妃、天妃、圣妃直至天后。天妃成为海上的保护神。古代航海，依靠人力，

明永乐十八年（1420年）刊本《天妃经》中的郑和船队

有时遇到风浪，航船难以驾控，航海者最大的愿望是能平安归来。崇拜海神妈祖（天妃）成了航海者的共同习俗。因此，祭祀天妃的寺庙——天后宫数以千计，每年的朝拜者达数十万。

《天妃经》全名为《太上老君说天妃救苦灵验经》，是道家的一部经卷，收于《正编印道藏》洞神部本文类。《天妃经》的主要内容，就是在江河湖海遇到风浪，翻舟覆船，损人性命时，诵读此经，就会得到天妃的救助。苦灵符及敕符咒语为告急所用。

明永乐十八年（1420年）刊刻的这部《天妃经》，卷前的一幅扉页画，采用长卷式，六面连页，十分有气派。

《天妃经》扉页画第一、第二面描绘的是天妃宫内的景象。天妃端坐宫中，下属和侍从分立两旁，庭前站着千里眼、顺风耳。第三至第五面，上面一半是天妃在云际巡察正在海上航行的船队，象征着天妃无时无刻不在佑护着在海上航行的船队，使他们平平安安。下面一半是庞大的船队，计有五支船队。第六面描绘的是天妃保佑在海洋上航行的船队，下面是正在海洋上航行的船队。就这样一幅扉页画，怎么会与明朝郑和下西洋扯上了关系呢？

这部《天妃经》是曾随郑和下西洋的一个叫胜慧的僧人，在临终前命他的弟子，用他所遗留的资财发愿刻印的。郑和七次下西洋，行前沿途要祭祀天妃，平安归来后要感谢天妃。在七次下西洋的航程中，郑和船队都有遇险的经历。刻印在《天妃经》扉页上的画面正是刻画郑和船队在天妃的保佑下远航的情景。

金先生看到这幅版画后，豁然顿悟。《天妃经》图上的四桅帆船清晰可见，与《龙江船厂志》上所附该厂曾建造的早期那类四桅海船形制甚为相合。另由《天工开物》言及当时的中国船帆时云："凡风篷之力，其末一叶敌其本，三叶调匀和畅。顺风，则绝顶张篷，行疾奔马，若风力涍至，则以次减下（遇风鼓急不下以钩搭扯），狂甚则只带一两叶而已"，这显然说的是在一桅上挂三叶帆，四桅上正好有十二叶帆，正合《西洋番国志》中一船十二帆之说。他认为："《天妃经》卷首插图为我们展示了宝船形象的历史图像。其所画的船，艏艉高翘，船舷高，吃水深，正符合福船的特征，是福船的写实图，而与艏艉起翘不大、船舷低矮、几乎接近水面的沙船完全不同。因此，此图可作为宝船系福船这一结论的有力证据。画中，在那开阔的海面上，成列、成行的船队，也为我们描绘了郑和下西洋气势磅礴的景象。"

世界七大奇景

自古以来，人们对世界七大奇景（也称世界七大奇迹）众说纷纭，莫衷一是。诗人的浮想联翩，历史学家的猜测探寻，不仅为之增添无限的魅力，而且为它蒙上了一层层的神秘色彩……

公元前2世纪，腓尼基西顿城有一个叫昂蒂伯特的讽刺诗人，他把古代7座有名的建筑物称为世界七大奇景。此后，在其他著作中也陆续有所记载和描述，并一直流传至今。

现在，除埃及金字塔尚存在于世外，其他几个奇景都已不复存在。

巴比伦城和空中花园

巴比伦位于西亚美索不达米亚平原的中部、幼发拉底河的沿岸（今伊拉克境内），是座历史名城。大约在公元前 3 500 年（距今 5 500 多年）前，这里孕育了人类有史以来最早的文明之一——古巴比伦文明，与古埃及文明、古印度文明和古中国文明，并称四大古文明。

到了公元前 8 世纪，巴比伦被住在它北面的强悍的亚述人征服。亚述人不仅征服了巴比伦，而且占领了中亚及地中海沿岸的一些国家，如叙利亚、腓尼基、巴勒斯坦、小亚细亚、埃及等。亚述国王在尼尼微建立了它的首都，在那里修建了许多宏伟的宫殿。公元前 612 年，居住在巴比伦的迦勒底人联合东边的米堤亚人进攻亚述。他们手执带血的长矛和盾牌冲进了尼尼微。亚述最后一代国王辛沙立希孔和他的宫殿在这场战争中一起被烧成灰烬。从此，一个庞大的亚述帝国连同它的首都消失了。

战胜亚述的迦勒底人在巴比伦建立起了一个新的国家。为了和被亚述灭掉的古巴比伦王国区别开，人们把它叫作新巴比伦王国。新巴比伦国王尼布甲尼撒，把首都巴比伦城建成了一座堡垒般的城市。城的每边长 21.5 千米，绕城一周长达 86 千米（也有一说城的周长为 13.2 千米）。周围有三道用砖头和柏油砌筑的城墙环绕着，第一道墙厚 7 米，第二道墙厚 7.8 米，第三道墙厚 3.3 米，每隔 44 米有一座宽达 8.36

古巴比伦城的城墙

米的塔楼，整个城墙大约有300多座塔楼。城门也十分豪华壮丽，其中最精致夺目的是北门——伊什塔尔门，共有两重门，高12米，两旁有塔楼拱卫，门的两侧和塔楼由天蓝色、白色、黄色、绿色、深茶色的琉璃砖砌成，上面饰以蛇首龙、雄狮和野牛等动物浮雕图案，共56幅。全

古巴比伦城墙上的动物浮雕

城共有这类浮雕575幅。城墙外面还有一道堑壕和一套复杂的水力工程建筑，后者可以在敌人出现时，淹没巴比伦地区周围的土地。巴比伦国王声称，"为了使企图作恶的敌人不能接近巴比伦的城墙，我就用类似巨浪滔天的强大江河把国家包围起来。渡过这些江河就像渡过大海一样困难。"

当时，巴比伦是一个拥有许多宫殿和神庙的豪华都城，即使到了公元前3世纪，巴比伦极其衰落的时期，还有53座神庙、955座小圣堂。在这些豪华的建筑中，最有名的是"空中花园"。

空中花园建于公元前604—公元前562年。据传说，新巴比伦国王尼布甲尼撒二世娶了波斯国一位美丽的公主，深得国王的宠爱。可是，时间一长，公主愁容渐生。尼布甲尼撒二世不知何故。公主对国王说："我的家乡山峦叠翠，花草丛生，而这里是一望无际的巴比伦平原，连个小山丘都找不到，我多么渴望能再见到我们家乡的山岭和盘山小道啊！"原来公主对于平原地区的生活感到十分寂寞，因此，得了思乡病。新巴比伦国王为了使她高兴，就下令工匠按照公主生活的山区景色，在宫殿里建造了层层叠叠的阶梯形花园，上面栽满了奇花异草，还在园中开辟了幽静的山间小道，小道旁是潺潺流水。在花园的中央，修建了一座城楼，矗立在空中，巧夺天工的园林景色终于博得了公主的欢心。

但也有传说"空中花园"不是尼布甲尼撒二世建造的，而是一位叙利亚国王为取悦他的一个爱妃而特意修筑的。有的记载还称"空中花园"实际上是亚述国王辛那赫里布在其都城尼尼微修筑的一座皇家园林。

不管如何，"空中花园"在历史上是曾经存在过的。19世纪末，德国考古

学家在发掘巴比伦城遗址时，在南宫苑的东北角挖掘出了一个不寻常的、半地下的、近似长方形的建筑物，面积约为1 260平方米。它由两排小屋组成，每间小屋平均只有6.6平方米。两排小屋由一走廊分开，对称布局，周围被高而宽厚的围墙所环绕。在西边那排小屋的一间房间中，发现了一口有三个水槽的水井，一个是正方形的，两个是椭圆形的。根据考古学家的分析，这些小屋可能是原来的水房，那些水槽则是用来安装抽水机的。因此，考古学家认为这个地方很可能就是传说中的"空中花园"遗址。当年巴比伦人用土铺垫在这些小屋坚固的拱顶上，层层加高，栽种花木。至于灌溉用水是依靠地下小屋中的抽水机源源不断供应的。那时的抽水机是一种链泵，把几个水桶系在一个链带上与放在墙上的一个轮子相连，轮子转动一周，水桶就跟着转动，完成提水和倒水的过程，水再通过水槽流到花园中进行灌溉。也有科学家认为巴比伦"空中花园"实际上在巴比伦以北480千米之外的尼尼微，其建造者是亚述王西拿基立，而不是巴比伦的尼布甲尼撒王二世。"空中花园"采用的是一种立体造园手法，实际上它是一座人工构筑的土山。它每边长125米，高25米，共分三层，用巨大的石柱支撑，在上面搁置数米长的石板，层层建有殿阁。为防止渗水，在每层石板上都铺设有浸透柏油的柳条垫，上面再铺两层砖头和浇注一层铅板，然后在上面放上肥沃的土壤，种植许多来自异国他乡的奇花异草。空中花园还有一台螺旋泵（一说链泵），奴隶们不停地转动着水泵的把手，不断地从幼发拉底河中抽水，浇灌园中种植的各种花草树木，即使是久旱不雨的夏天，空中花园中的花木依然青翠欲滴。人们遥望花木，似乎长在空中，故有"空中花园"之美称。当年到巴比伦城朝拜、经商或旅游的人们，从很远的地方就可以看到空中花园里的金色屋顶在阳光下熠熠生辉。所以，到2世纪，希腊学者在品评世界各地著名建筑和雕塑时，把"空中花园"列为"世界七大奇观"之一。从此以后，"空中花园"更是闻名遐迩。但是，"空中花园"和巴比伦文明

古巴比伦的"空中花园"（猜想图）

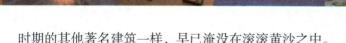

时期的其他著名建筑一样，早已淹没在滚滚黄沙之中。

奥林匹亚的宙斯神庙

希腊的宙斯神庙遗址

宙斯是古希腊神谱系中的第三代神王，他是全能之神，能明察、洞悉世间任何事物和事情，不管是在人间，还是在神山上，他都是神谕之源，他决定着神灵和人的命运，是古希腊神话中最高的神。他是克洛诺斯与瑞亚所生的最小的儿子。克洛诺斯通过推翻他的父亲乌拉诺斯获得了最高权力，他得知他会和自己的父亲一样被自己的孩子推翻，于是，他就一个个把儿子吞进了自己的肚子里。他的妻子瑞亚不忍心宙斯也被他吞进肚子里，于是，就拿了块石头，假装宙斯给他吞下。

宙斯长大后，与父亲展开了激烈的斗争。经过 10 年战争，在祖母大地女神盖亚的帮助下战胜了父亲。宙斯和他的兄弟波塞冬和哈迪斯分管天界、海界、冥界。从此，宙斯成为掌管宇宙的统治者。宙斯神通广大，他只要一皱眉头，就会地动山摇。古代希腊人为了供奉这位"天神之主"，在希腊的奥林匹亚建造了宏伟的宙斯神庙。宙斯神像由菲迪亚斯雕刻，是当世最大的室内雕像。

宙斯神庙建于公元前 457 年，位于希腊雅典卫城的东南面，爱丽丝城邦奥林匹亚体育馆旁，依里索斯河畔一处广阔平地的正中央。这地方尽是一片黄澄澄的丘陵，但是，在古希腊时期，四周环绕翠谷和清冽溪水，环境幽雅，不远处有一处密林，绿意浓郁，林中小径两旁更是花木扶疏，争奇斗妍，美不胜收，更是当时的宗教中心。在古希腊，那里地处雅典城外，到了哈德连帝时代，随着雅典城的规模扩大，才把神殿纳入城内。

神庙采用多利克式建筑，表面铺上灰泥的石灰岩，神殿共由 34 根高约 17

米的科林斯式石柱支撑着，面积达 41.1 米 × 107.75 米。奥林匹亚宙斯神庙的庙顶是用大理石建成的，庙内西边人字形檐饰上有很多雕像，都是用派洛斯岛的大理石雕成的。这些雕像具有雅典的风格。神庙中的宙斯的雕像，天上的宙斯大神是否会喜欢？据说，雕刻家菲迪亚斯在雕刻宙斯神像时，曾亲自到奥林匹亚山上去问宙斯神，而宙斯以霹雳闪电，打裂神庙铺道作回答。神殿中的主角"宙斯"雕像，采用的是所谓"克里斯里凡亭"技术，即在木质支架外加象牙雕成的肌肉和用金制的衣饰。宝座也是木底包金，嵌着乌木、宝石和玻璃。

在旅行家巴乌沙尼阿斯的《希腊游记》中，对宙斯巨像有详细的描述：宙斯像身高 12.2 米，是一尊坐像，头上戴着一顶橄榄枝编织的皇冠，几乎碰到神庙的屋顶。左手拿着一把用各种金属打造的权杖，权杖顶上停着一只鹫；右手握着象牙及黄金制成的胜利女神像。宙斯像用乌木雕成，在身躯袒露的地方用象牙镶嵌，身上的衣服采用黄金制成，并缀以珠宝，闪闪发光。眼睛则用乌木、宝石和玻璃制成。在乌木座椅的外面，用黄金镶包，上面雕刻着栩栩如生的各种神像，椅背上有象征美丽、优雅、喜乐三姐妹的"典雅三女神"和"季节三女神"（春、夏、冬）雕像，在座椅的下部雕刻了跳舞的胜利女神、斯芬克斯（希腊神话中的妖魔）和月亮女神与太阳神杀害骄傲女神尼俄柏的女儿的场面。神像身后挂着神圣布幔。为了让神像的脸更显美丽、光亮，在神像前建造了一座极大的，里面铺着黑色大理石的橄榄油池，利用神庙大门外射来的光线，通过橄榄油池，将光线反射到神像的脸上。在神像的建造中，工人采用"菲迪亚斯抛光"擦拭象牙，使神像更显光辉。为了建造这座神像，菲狄亚斯一共花费了八年时间。

宙斯神庙内的宙斯雕像

可惜的是，宙斯神像没有能保存下来。一说是在公元前 2 世纪以前，神庙曾经进行过几次修缮，甚至在 394 年还整修过；可惜不到 1 个世纪，由于宙斯神庙发生火灾，这座珍贵的神像被烧毁了。另一说是宙斯像在奥林匹亚受到严重损坏后被毁的；在 523 年和 551 年的两次地

震中，宙斯神庙被震塌了。奥林匹亚的遗迹由于受到多次洪水袭击，终于深深地埋入了泥土中。侥幸的是在一些古罗马的钱币上保留着宙斯的雕像，在旅行作家巴乌沙尼阿斯编的《2世纪中叶希腊旅行记》中，对宙斯像、神庙和奥林匹亚古迹也作了非常详细的记载。因此，人们还可以从中推测它的大致模样。

1829年，法国的考古队对宙斯神庙遗址进行了6个星期的挖掘，收获甚微。1875年以来，德国考古队继续发掘，找到了神庙的遗址，但是没有发掘到宙斯像。从1954年到1958年进行的多次发掘，发现了大量雅典式样的陶器，据说是公元前435年时的东西。此外，还发现了一些象牙碎片、玻璃、工匠用的工具等。在陶器中，有一只破碎的茶碗，底下清楚地刻着"是我菲狄亚斯的东西"几个字，但神像仍下落不明。

罗德岛的太阳神铜像

罗德岛位于爱琴海与地中海交界处，西距希腊大陆450千米，北距土耳其大陆19千米，面积为1 400平方千米，人口约7万。在这个"弹丸之地"的北端就是罗德市，它是全岛的首府，全岛60%的人口集中在这里，举世闻名的太阳神巨像就坐落在罗德市的码头边。游人登上码头，就可看见两座圆形石柱和柱上的两个铜雕小鹿孤零零地矗立在那里，渺小、空荡，并没有想象中的那种雄伟气势。鹿是罗德岛的象征，当年巨像曾屹立在它的上方，看着千帆竞逐。关于罗德岛，有一个美丽的传说。

在远古时代，希腊诸神为争夺主神地位展开了大战，最后宙斯获胜，成为万神之王。宙斯登上宝座后，开始论功行赏，分封诸神，但独独忘了给当时正出巡天宫的太阳神阿波罗留下一块封地。阿波罗回来后大为不悦，宙斯施展神力，指着隐没在爱琴海深处的一块巨石分封给阿波罗，巨石欣然浮出水面，欢迎阿波罗的到来。这块晚到的封地被蔚蓝色的海水所围绕，风光秀丽，气候温暖，阿波罗颇为满意，便用爱妻罗德(爱神阿芙罗狄蒂的女儿)的名字,命名为罗德岛。他的三个儿子卡米诺斯、莫诺利索斯和林佐斯被分封在岛上各处，各自建立起自己的城邦。这虽然是神话传说，但在罗德岛上确实存在过三个城邦，即卡米诺斯、莫诺利索斯和林佐斯。它们凭借罗德岛处在东西方交界处的地理优势，

罗德岛上的太阳神铜像

以及岛上肥沃的土壤，良好的气候，逐渐发展起来，成为地中海上重要的商务中心。公元前408年，这三个城邦联合成统一的罗德国，并在岛的北端建立联邦首都，这就是后来的罗德市。罗德岛的繁荣富庶，吸引了希腊大陆上的人们争先恐后地来到这里经商、定居或办学，岛上的文化也很快繁荣起来。正是在这个时候，岛民皮桑德罗斯写下了史诗《伊拉克利亚》，其后希腊大哲学家亚里士多德也曾来罗德岛招收弟子，讲授哲学；雅典的大演说家艾斯霍尼斯也在岛上办过学校。罗德岛文风极盛，成为当时著名的文化中心之一。

公元前305年，对罗德岛垂涎已久的马其顿国王安提柯一世派儿子达摩瑞斯率领4万军队，大举入侵罗德岛，全岛居民撤至岛东端的林佐斯城堡，进行殊死抵抗。林佐斯城堡建在突入海中的山丘上，三面陡崖高达100米，城墙依崖而建，城垛上有炮台镇守，易守难攻。全岛居民凭借天险同仇敌忾，终于击退了入侵者。马其顿军队丢盔弃甲，大败而走。公元前304年，双方签署和约。罗德岛居民为纪念这次胜利，把马其顿军队丢弃的、多达12.5吨重的铜兵器收集起来，熔化后，历时12年（公元前294—公元前282）之久，由雕刻大师哈列塔斯负责铸造一座太阳神阿波罗（罗德居民也称为"赫利阿斯"）的铜像，因为传说中的阿波罗是罗德岛的保护神，当地居民以此来感谢阿波罗对他们的保佑。

巍巍的太阳神阿波罗铜像高达32米，手指比人高，大脚内部有可作居住的窑洞。铜像是中空的，里面用石头和铁的支柱加固，外包青铜壳。传说太阳神铜像头戴太阳光芒的冠冕，左手执神鞭，右手高擎火炬，建于罗德岛罗德港的入口处，两脚站在港口的石座上，船只可以从其胯下进出。太阳神铜像的台座上还镌刻着一首赞美诗："我们竖起你，赫利阿斯。直达奥林匹亚山巅。多利斯山区的罗德人敬仰太阳神，罗德岛巨像，使小岛免遭横蛮。世界如此瑰丽，自由不容涂炭。"

但是，令人遗憾的是，它在世界七大奇景中存在的时间最短暂，前后大约只有50年，毁于公元前224年的一次地震中。

据文献记载，铜像是分步建造起来的。首先，在建好的白色大理石基座上，把已铸好的脚到踝关节这一部分安装固定好。由于神像高大，所以铜像的脚设计得比较大，使它能承受上部铜像的重量。完成这一步后，雕刻家指挥工匠在已完成部分的周围堆起巨大的土堆，然后站在上面，接着做下一部分的工作，这样一步一步向上发展。在每一步进行之前，雕塑家都先用一种铁制的框架和一些方形的石块从内部加固雕像，以保证雕像的稳定。就这样，在耗费大量人力、物力、财力后，哈列塔斯创造了一个与"真神"相似的神像，"给了世界第二个太阳"。然而，罗德岛太阳神铜像只矗立了50余年就惨遭不测。尽管，为了提高这尊铜像的稳定性和强度，采用铁作增强材料，在两只脚里还填满了石块，以增加重量。但是，在公元前224年至公元前223年的地震中，它还是倒塌了。倒塌的原因是铜像的重心太高，用铁做增强材料经不起地震的晃动，最后在膝部折断了，只留下台座和两条小腿。古罗马著名的自然史学家普林尼在《自然史》一书中赞叹道："即使躺在地上，它也仍是个奇迹。"埃及法老托勒密三世向罗德岛人伸出了援助的双手，准备提供一笔巨款帮助罗德岛人修复太阳神铜像，但罗德人谢绝了托勒密三世的好意。

神像倒地后，身躯横在地上，任凭风吹雨打，秋去春来。约900年后，即653年，阿拉伯人入侵罗德岛，发现了躺在地上的巨像残骸，他们费了九牛二虎之力把残骸运送到叙利亚，卖给了一位商人。据说那个商人用了880头骆驼才把残骸运完，以后巨像就不知去向。又有人说，巨像倒塌不久后就被人盗走，但贼船在海上遇风暴沉没，铜像已埋在深深的海底。铜像究竟去了哪里？恐怕是无从知晓了。罗德岛的太阳神铜像已不复存在，但有关它的传说和猜测却经久不衰。早在11世纪，人们就对它的外形作了这样的描述：巨像右手举着投枪，左手按着长剑，柱脚是很高的圆柱，四周环绕着起伏的海浪。但有人提出异议，说太阳神阿波罗铜像应该是头戴太阳光环，驾驭着马车，马车上载着一轮鲜艳的红日，还有的说，铜像胯下能进出船只。由于谁也拿不出确

《点石斋画报》上的罗德岛太阳神铜像

凿的证据驳倒对方，争论不了了之。太阳神阿波罗铜像系雕刻家卡瑞斯的作品。卡瑞斯出生于罗德岛林多斯城，是"揭开希腊人像艺术光辉纪元"的著名雕刻家吕西玻斯的弟子。他于公元前292年开始，用了12年时间，花了300个特兰同（古希腊的货币单位），到公元前280年才完成这尊高32米、一个手指比人还要高的铜像。关于这尊铜像的造型有两种不同的说法。一种说法认为铜像的两腿是分开的，跨立在罗德港的两岸，过往船只都从铜像腿中间经过，从船上仰望宏伟的雕像，场面十分壮观。另一种说法认为铜像的两腿并立，站在一个大理石的基座上，衣服从左肩一直垂到地上，右手遮在额前，表示正在向大海眺望（也有一说为右手高举着火把），头上戴着一顶象征着太阳光芒四射的金冠。

亚历山大的大灯塔

世界古城——亚历山大，是埃及的一个位于地中海的港口城市。公元前334年，马其顿王亚历山大大帝渡海入侵小亚细亚，在击败了一支波斯军队之后，占领了埃及，也占领了亚历山大。于是，他大兴土木，两年之后在这里建立起了一座崭新的城市，并用自己的名字命名，不久亚历山大就发展成为当时世界少有的商业、科学和文化中心之一。

在公元前280年的秋天，亚历山大港发生了一件令人震惊的悲剧：一艘埃及的皇家喜船，在驶入亚历山大港时，触礁沉没了，船上的皇亲国戚以及从欧洲娶来的新娘，全都葬身鱼腹，埃及朝野上下为之震惊。埃及国王托勒密下令在港口的入口处，修建导航灯塔，避免再次发生进港船只撞上水中礁石的事故。在亚历山大港外面有一个小岛，名叫法洛斯，亚历山大港与法洛斯之间由一条1千米长的海堤连接。经过多年的努力，在港口外的法洛斯岛的东端，距岛岸7米处的礁石上，埃及人建立起了一座规模宏伟的灯塔。人们将它称为"亚历山大法洛斯灯塔"，它是世界上最早的灯塔之一。灯塔巍然屹立在亚历山大港外1 500年，灯塔上的烛光在晚上照耀着整个亚历山大港，保护着海上的船只。它也是当时世上最高的建筑物。但因1302年发生的地震，使灯塔遭到了严重的破坏；1375年的一次地震，又把整个灯塔彻底摧毁了，在两次地震中极度受损的亚历山大法洛斯灯塔，最终于1480年完全沉入海底。

据记载，法洛斯灯塔高120米，加上塔基，整个高度约135米。灯塔由3部分组成：底层是一个以混凝土为核心的正方形地基，每边长约85米，底座从顶端到底端大概高6.5米。中部是八角形的塔身，分为两层，第一层和第二层稍稍向里倾斜。在第一层和第二层的顶上有半人半鱼的海神特里同的雕塑。第一层呈正方形，

亚历山大法洛斯灯塔

各边长30米，高60～70米，有50多个房间，作燃料库、机房和工作人员的寝室和办公之用，也可供天文学家、气象学家观察天象之用。第二层呈八角形，高15米，用以存储与输送石油；在第一层和第二层都开有窗子。顶部的形状虽有各种不同的说法，但最可能的是一种圆塔形建筑。圆塔的顶上是一个圆锥形的屋顶，上面屹立着一个手持渔叉的海神波塞冬。塔身的下部非常宽阔，从这里修筑有通往塔顶的倾斜式螺旋形楼梯。在中部的一、二层楼梯上，分别有32个和18个台阶。正中间有一个相当于现代电梯的人工升降装置，将燃料送至塔顶。顶部有一只巨大的火炬，燃烧着熊熊大火，还有一面磨得很光亮的青铜镜，把火炬发出的火光反射出去，在离灯塔50千米以外的海上，也能看到灯塔上的火光，从而使船只不会迷失方向，径直向亚历山大港驶来。希腊人虽然很早就懂得用火来传送信号，引导船舶航行，但是，建造这样特别的建筑物，采用操纵光线的装置来引导船舶的航行，还是第一次。灯塔的塔身用大理石砌成，石缝之间用熔铅弥合，坚实牢固。

亚历山大的大灯塔在世界上存在的时间，除了金字塔以外，是七大奇景中最长的一个，同时，也是七大奇景中唯一有实用价值的建筑。

埃弗兹的月亮女神庙

埃弗兹在小亚细亚的西部，靠近卡伊德斯河的出海口（今土耳其境内）。在

月亮女神庙遗址

古希腊时代，它是一座繁华的城市，也曾是罗马帝国的一个重要的贸易中心。埃弗兹城的居民大都信奉月亮女神阿尔忒弥斯。

月亮女神是宙斯和勒托的长女，阿波罗的孪生姐姐。希腊神话中的月亮女神，为奥林匹斯十二主神之一。公元前560年，非常富有的吕底亚国王克利兹出钱资助，在埃弗兹建造规模宏大的月亮女神庙。在女神庙的建造过程中，传说还得到过阿尔忒弥斯（冷月神、狩猎女神）的帮助。

月亮女神庙建成后，没到200年，在公元前356年的一天夜里，就被城里一个名叫格罗斯特拉特的人放火烧毁了。他烧毁这座神庙的目的，是为了让自己的名字被历史记载下来。

女神庙被烧毁后，人们又照原样进行了重建。女神庙的地基长125.6米，宽64.79米，有十级台阶，台基上有100多根爱奥尼亚式圆柱，圆柱下部雕刻着神话故事，柱子上部用涡卷纹图案做装饰，从圆柱的底部到柱子顶上高达23米。这种圆柱在女神庙的正面共有3排，每排8根；后面有2排，每排9根；两边各有前后两排圆柱。圆柱顶上是长方形的大理石屋顶。

236年，哥特人入侵埃弗兹，阿尔忒弥斯女神庙遭到毁灭性的破坏。以后，女神庙再也未能重建。由于埃弗兹原来就是一个沼泽地，随着埃弗兹土地的沼泽化，阿尔忒弥斯女神庙就被埋入沙土中了。

埃弗兹的月亮女神庙（复原图）

摩索拉斯陵墓

公元前 4 世纪，在小亚细亚安那托利阿高原西南部（今属土耳其），有一个叫加利亚的王国，国王叫摩索拉斯。公元前 395 年，他把国都从缪拉沙迁到小亚细亚靠海边的城市加利卡尔那斯，并对加利卡尔那斯城进行了重建。在城市的中央建造了规模宏大的陵墓，将此作为他自己的陵寝，同时也作为他统治这个国家的纪念碑。摩索拉斯死于公元前 353 年，陵墓尚未建成，由摩索拉斯的妻子阿尔特米西娅（国王死后她单独执政 3 年，死于公元前约 350 年）继续完成。

摩索拉斯陵墓是由皮蒂德和萨蒂罗两位建筑师设计完成的，用帕罗斯岛的白色大理石建成，是一座非常漂亮的建筑物。它高 42 米，相当于一座 14 层的楼房。陵墓内部装饰非常精美，有众多雕像，为这座宏伟的建筑物增添了不少光彩。史学家们认为，这些杰作是出自当时一些著名的艺术家之手，如斯科巴斯、利俄卡利斯、提摩西阿斯等人。摩索拉斯陵墓中有三处浮雕装饰：第一处是马车，第二处是希腊人与亚马逊人作战，第三处是拉皮提人与半人半马的怪物的争斗。这些浮雕制作得精美绝伦。

陵墓由 3 部分组成：地基高 19 米，长 39 米，宽 33 米，台基很高，呈阶梯形，上面由 36 根、高 11 米、珍奇华丽的柱子构成了一条爱奥尼亚式连拱廊，中间是用雪白大理石砌成的墓室；拱廊的顶上有一个金字塔形的屋顶，高 7 米，是由规则的 24 级台阶构成，这或许象征着摩索拉斯的执政年限。上面有国王摩索拉斯和他妻子阿尔特米西娅驾驶的四马双轮战车雕像。这座雕像高约 4 米，具有典型的希腊风格，是希腊早期的写实肖像雕塑作品之一。

摩索拉斯陵墓非常有名，一直到 12 世纪以前，还有关于摩索拉斯陵墓的记载。虽然，它在 12 世

摩素拉斯陵墓的想象图

画家笔下的摩索拉斯陵墓

纪的一场地震中，受到了严重的损坏，但是，它的最终毁坏应归罪于汪达尔人。这些由圣·乔万尼率领的骑兵于 1402 年占领了哈利卡纳苏斯，并在那里建起了圣彼得要塞。16 世纪初，为了加固要塞，骑兵们把这座陵墓当成了采石场，摩索拉斯的陵墓就这样渐渐地被拆毁了。从 1856 年起，英国考古学家查尔斯·牛顿在这里进行发掘工作，但时至今日，我们仍不清楚摩索拉斯的石棺究竟是在神像室里，还是放在了建筑物下面的地基内部的墓穴中。

另一种最可信的假想，这里可能并不只是一位国王的墓葬，而是为了纪念和缅怀整个埃卡多米尼迪王朝修建的陵墓。新近找到的雕塑又为这个新的假想增添了佐证。这些塑像大体上有 3 种规格：与真人相仿的自然型、2 米左右的英雄型和 3 米左右的巨型。摩索拉斯和阿尔特米西娅（已受损）的雕像属于最后一种，另外 10 座巨型雕像的残片也被辨认出来了。人们不禁会问：难道这是一座家族的墓地吗？

不过，今天我们还能在英国不列颠博物馆里见到这些残存的碎片，从中想象出这座宏大的纪念性建筑物的非凡风貌。

埃及金字塔

在埃及首都开罗以南 10 多千米的尼罗河西岸的基萨和萨卡拉一带的沙漠里，耸立着大大小小 70 多座锥形建筑物，外形很像汉字的"金"字，我国因此把它称作"金字塔"。金字塔建于四五千年以前，是古代埃及法老（国王）的陵墓。

约在公元前 3500 年，尼罗河两岸陆续出现了几十个奴隶制小国。公元前 3000 年，建立起初步统一的古代埃及国家。国家的统治者称为"法老"。古代埃及人对神的虔诚信仰，使其形成一种"来世观念"，他们认为"人生只不过是一个短暂的居留，死后才是永久的享受"。因而，埃及人把冥界看作是尘世生活的延续。因此，他们在活着的时候，就为死后做准备。埃及法老修建的金字塔，就是为了让他们的灵魂能升天，在后来发现的《金字塔铭文》中有这样的话："为他（法老）建造起上天的天梯，以便他可由此上到天上"。金字塔就是这样的天梯。同时，锥形的金字塔是表示对太阳神的崇拜，金字塔象征的是刺向青天的太阳光芒。当你站在通往基萨的路上，在金字塔棱线的角度向西方看去，可以看到金字塔像撒向大地的太阳光芒。在《金字塔铭文》中有这样的话："天空把自己的光芒伸向你，以便你可以去到天上，犹如拉（太阳神）的眼睛一样"。

在这 70 多座金字塔中，最有名的是胡夫金字塔。举世闻名的胡夫金字塔位于埃及首都开罗郊外的吉萨，它是世界上最大的金字塔，是第四王朝第二个国王胡夫的陵墓，建于公元前 690 年左右，是 1888 年巴黎建起埃菲尔铁塔以前的世界最高建筑物。原高 146.5 米，因年久风化，顶端剥落 10 米，现高为 136.5 米，相当于 40 多层楼那么高；底座每边长 230 多米，现长 220 米，绕行一周约 1 千米；三角面斜度 52 度，塔底面积 52 900 平方米；塔身由 230 万块石头砌成，每块石头平均重 2.5 吨，最大的重达 160 吨；有人估计，如果用火车装运金字塔的石料，大约要用 60 万节车皮；如果把这些石头凿碎，铺成一条一尺宽的道路，大约可以绕地球一周。据说，它是 10 万人用了 30 年的时间才得以建成。

胡夫金字塔内有走廊、阶梯、厅室及各种贵重装饰品。通道位于大金字塔的王后棺木停放室南墙上方大约 65 米处，其横截面面积为 58 平方厘米。在这个通道的底部是一块石板，石板上有两个铜把手。在这个石板后面到底隐藏着什么，至今没有人知道。在这些通道内的石板后面还有一个秘密的墓室。有一种古老的说法，称这些通道为"星座通道"，因为这些通道的洞口都是指向大犬星座和猎户星座的方向，可能当时建筑的目的就是为了引导法老的灵魂走上天堂。整个内部有 3 个墓室，第一个在修建地基的时候就开始建造，因为它深入地下 182 米。第二个在金字塔内部约 30 米高的地方，就是"王后墓室"。第三个是最高也是最重要的墓室，

埃及的胡夫大金字塔

这将是胡夫法老最后的安息地。通向墓室的走廊也同时开始修建。走廊全长达46米，内壁使用磨光的石灰岩板。

这座金字塔的巨大规模，令人惊叹，并以高超的建筑技术闻名于世。这座建筑物建造的精确程度，甚至连现代建筑物也望尘莫及。底面的四个角接近于90°，东北角90°03′02″，东南角89°56′27″，西南角90°00′33″，西北角89°59′58″；底部的各边的长度最大误差不超过20厘米；塔身的石块之间，拼合得非常紧密，没有任何水泥之类的黏接物，而是一块石头叠在另一块石头上。每块石头都磨得很平，至今已历时数千年，人们仍难以用锋利的刀刃插入石块之间的缝隙，所以能历时数千年而不倒，这不能不说是建筑史上的奇迹。

这样巨大的金字塔是如何建造成功的，有关它的讨论已经进行了几个世纪，一直是人们想知道的，但是至今还没有一个令人信服的解释。有的学者提出：采用螺旋式建造方法，就是沿四面墙壁建成螺旋式的阶梯状，一边上楼梯，一边往上盖。这样就不需杠杆、撬棍、起重机等工具。一位叫戴维杜维斯的法国化学家更是提出了一个大胆的想法：建造金字塔的巨石不是天然的，而是人工浇筑的。他从一位考古学家那里得到五块从埃及胡夫金字塔上取下的小石块，对它们逐个进行化验，结果这些石块是由贝壳石灰石组成的。由此推测，当时古埃及人建造金字塔采用的是将搅拌好的混凝土装在箩筐里抬上或背上正在建造中的金字塔，将塔一层一层加高。据他估计，用这种方法建造金字塔，只要1 500人就可以了。这位法国科学家还在石块中发现了一缕2.5厘米长的人的头发。尽管如此，他的假设还是令人难以相信。更有人不相信，金字塔是地球上人类自身建造的，把它说成是天外来客的创造，将它与飞碟上的外星人联系起来。

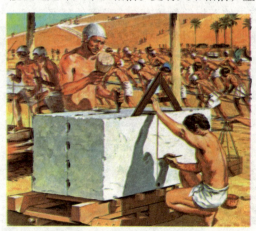
古埃及人建造金字塔的想象图

在对金字塔的研究中，真是一谜未解，一谜又起，说法越来越多，也愈来愈离奇，其中最引人注目的，就是所谓的"金字塔能"。近几十年来，西方有关"金字塔能"的著作多达几十本，论文上百篇，成千上万人在试验、探讨。所谓"金字塔能"，就是在金字塔形的构造中，其内部能产生一种无形的、特殊的能量，而且，这种能量有许多用途和奇特的功效。

　　早在 20 世纪 40 年代，一位名叫布菲的法国人来到埃及，进入胡夫金字塔内参观。在胡夫墓室中，他发现了一些干瘪的小动物尸体，看样子它们是从金字塔外面跑进去的，已死了很久。虽然，室内不是很干燥，但尸体没有腐烂发臭。布菲突然从脑海中冒出了一个令他自己也不相信的想法，是金字塔形的构造使它们变成了木乃伊。回国后，他按胡夫金字塔千分之一的比例，用木板制作了一个没有底的小金字塔模型。他把模型按南北方向放置，在中轴线上，距塔底三分之一高的地方，即胡夫墓室的位置，放了一只刚死的猫。过了一些日子，奇怪的现象发生了，死猫成了一具木乃伊。布菲又用其他的有机物进行试验，也得到了同样的结果。此后，捷克的无线电工程师卡里尔·杜拜尔偶然读到布菲的论文，杜拜尔心想，布菲的实验太容易了，不妨自己也来试试。于是，他用 3 毫米厚的马粪纸，按胡夫金字塔的比例，做了几个 30 厘米高的模型，进行试验。结果令他吃惊：放在模型内的牛肉、羊肉、鸡蛋、花、死青蛙、壁虎等果然都变成干尸，并不腐烂。有一次，杜拜尔将一把刮胡子的刀片放进模型内，满以为它将生锈变钝，但结果却相反，刀片变得更为锋利。他用这把刀片刮了 50 次胡子。这样，他就开始研究金字塔模型对刀片的影响。他做了一个 15 厘米高的模型，把刀片平放在塔内距塔底三分之一高的地方，刀片的两端对准南北方，模型也按南北方放置。几次试验，结果都一样。他发明了一种极其简单而又神奇的磨刀片器——马粪纸的胡夫金字塔模型。1949 年，杜拜尔正式向捷克首都布拉格的有关部门申请"法老磨刀片器"的发明专利。在捷克，一般的发明专利至多 3 年就可批准下来，但这项编号为 91304 的发明专利经过了整整 10 年，直到 1959 年才批下。其间，杜拜尔竭力说服专利委员会，并向委员会主席演示这个模型，委员会主席还亲自进行了试验，最后表示这项发明确有实效，并不是骗术。杜拜尔在一家无线电研究所工作，非常熟悉微波谐振腔体的原理，因而他提出一种假设：来自太阳的宇宙微波，通过聚集于塔内的地球磁场，活跃了模型内的震荡波，使刀片"脱水"变锋利。

　　人们还发现胡夫金字塔的一些数据也非常有趣。例如，塔的高度乘上 10 亿等于地球到太阳的距离，2 倍塔高除以塔底面积正好等于圆周率 π。另外，穿过金字塔的子午线，正好把地球上的陆地和海洋分成均匀的两半，而且塔的重心正好坐落在各大陆引力的中心。难道这些都是偶然的巧合吗？有些富于幻想的人就提出大胆的猜想：大金字塔不是地球上人造出来的，而是由天外来客——宇宙人建造的；他们不仅有精密的激光测距仪，而且有电子计算机和大型起重机械。大金字塔并非是胡夫法老的墓穴，而是天外来客的纪念碑。

金字塔不仅作为现世仅存的"世界七大奇景"之一闻名于世，而且成为了现代人探索自然奥秘的地方。

中国古书中的世界七大奇景

明清时期，有许多西方传教士来到中国，其中有一位比利时传教士，中文名字叫南怀仁。他于1658年来华，是清初最有影响的来华传教士之一，为近代西方科学知识在中国的传播做出了重要贡献。他还是康熙皇帝的科学启蒙老师，精通天文历法，擅长铸炮。他在1674年，写了一本《坤舆图说》，在北京刊行。"坤舆"在古代是"大地"的代称。《坤舆图说》是南怀仁为绘制《坤舆全图》而写的一部书籍，书中除了介绍西方的地学知识外，还介绍了西方古代文明的《西洋七奇图说》，并引起了中国学者的注意，在康熙三十九年（1700年），张潮在刊刻《虞初新志》时，将南怀仁的《西洋七奇图说》收入其中。

《坤舆图说》中的"西洋七奇图说"

《西洋七奇图说》不仅用文字介绍了西方古代的七大奇迹，而且出现了一些西方古代文明的图片，作为图书的插图，其中包括亚细亚洲巴必鸾城（今称"巴比伦空中花园"）、乐德海岛铜人巨像（今称"罗德岛太阳神铜像"）、利未亚洲厄日多国孟斐府尖形高台（今称"埃及金字塔"）、亚细亚洲嘉略省茅索禄王茔墓（今称"摩索拉斯陵墓"）、亚细亚洲厄佛俗府供月祠庙（今称"埃弗兹月亮女神庙"）、欧逻巴洲亚嘉亚省供木星人形（今称"奥林匹亚宙斯神庙"）、法罗海岛高台（今称"亚历山大大灯塔"）。在"奥林匹亚宙斯神庙"中的"木星人形"就是西方神像宙斯。这是中国与世界接触留下的痕迹。

追踪通古斯大爆炸

1908 年 6 月 30 日上午 7 点 15 分，在西伯利亚中部、贝加尔湖西北 800 千米的通古斯地区——一个人烟稀少的原始森林上空，发生了猛烈的爆炸。

据当地目击这次爆炸的居民说："爆炸时，从空中升起一个比太阳还要亮的火球。"火球发出的热量，使周围一切可以燃烧的东西全都燃烧起来了。有一个侥幸活下来的农民后来对来访者说，他身上的衬衣几乎烧光了，巨大的山林也都被烧毁了，林中的驯鹿和其他动物无一幸存。燃烧的浓烟，上升到 20 千米的高空，就像朝天喷发的喷泉那样，形成了一个巨大的火柱，然后变成蘑菇状的云。紧接着就是一阵猛烈的爆炸声，爆炸的冲击波使半径 32 千米以内的树木几乎全部被连根拔起；冲击波形成的飓风，把周围几百千米内的马匹、房屋全部卷光。距离爆炸中心 1 000 千米的地方也听到了爆炸声。在爆炸之后 5 个小时，向西推进的空气湍流越过北海，使英国各地的气压不断突升突降。在西伯利亚、欧洲以及非洲的北部还接连出现了 3 天"白夜"。

谜团

　　十月革命后，苏联的科学机构曾多次派科学家到通古斯进行调查，希望查明这次大爆炸的原因。最早使人们想到的是陨石。如果真是陨石的话，在爆炸中心总能找到一个巨大的陨石坑。例如，在美国的亚利桑那州中部，史前时期落下来的陨石，就使那里形成了一座直径为 1.2 千米，中央深度为 190 米的陨石坑，或称环形山。可是，科学家在通古斯那里并没有找到陨石坑或环形山。

　　100 多年来，尽管许多科学家对这次前所未有的大爆炸做过精心的调查，提出了 100 多种假设，但是这个谜团还是未能解开。

　　1945 年 8 月 6 日，美国在日本广岛上空投下了一枚原子弹。参加调查通古斯事件的科学家，听到目击这次广岛原子弹爆炸的人的介绍后，感到异常惊奇。因为这太像通古斯大爆炸了。他们后来在广岛看到的景象，竟然与通古斯地区有惊人的相似之处：在广岛距离爆炸中心几百米的地方，树叶尽落，树木枯焦，但仍屹立不倒，像一根根电线杆似地挺立在那里。在通古斯地区也可以看到这种"电线杆"林。挺立的"电线杆"树，树皮全部烧焦，其余那些被连根拔起的树木则朝着爆炸中心呈放射状倒在地上。

　　那么，通古斯爆炸会不会也是一次核爆炸呢？

通古斯大爆炸留下的大坑

　　1959 年，苏联科学家普列汉诺夫率领医学研究所的科研人员，花了 6 个星期，对通古斯地区进行了详细的调查。对大量的土壤和植物进行了放射性剂量的测定。发现在爆炸中心的放射性剂量比距离 30 ~ 40 千米的地方高 1.5 ~ 2 倍。

　　1961 年，有一位科学家推

算出这次大爆炸的光辐射能量约占总能量的30%，这个比例是核爆炸所特有的。爆炸之后产生的"紫白色的极光""银色的云""奇异的夕阳""黑夜中的白昼"等，与1954年美国在比尼奇环礁进行的氢弹试验几乎完全一样，不同的只是美国氢弹试验的规模小一些。

因此，越来越多的科学家认为通古斯事件是一次核爆炸。但是，在1908年地球上还没有一颗原子弹，那么，这样大规模的核爆炸又是怎样发生的呢?

反物质

1965年，美国著名化学家李比和两位物理学家在英国的《自然》杂志上提出了一个新设想：通古斯大爆炸是由反物质构成的"反岩石"进入大气层而引起的。李比担任过美国原子能委员会主席，他由于发明了测定放射性碳的方法，曾获得1960年诺贝尔化学奖。

反物质的概念首先是由英国物理学家狄拉克提出来的，他预言自然界中存在着一种与电子相同，但电荷相反的正电子。1932年，这种不可思议的正电子终于被美国科学家安德逊在宇宙线中发现了。1955年，又有人发现了质量与质子相同，带负电荷的反质子，接着反中子、反中微子……也相继被发现。后来，人们发现所有的粒子都有与其相对应的反粒子。这些反粒子也能像普通的粒子那样构成原子，由反粒子构成的原子叫作反原子，反原子构成的物质称为反物质。

直至今日，我们仅仅能制成一个反氘原子核，还没有得到过一个完整的反原子，更不要说反物质了。但是，在宇宙中确实存在着反物质。美国新墨西哥大学的科学家，把一只有60层楼高的充氦气球，放到35千米的高空，气球上装有5 000磅重的各种高灵敏度的探测仪器，在高空中飞行了8个小时，探测到28个反质子。这是第一次在实验室以外的地方发现反粒子。如果反物质世界周围的

通古斯大爆炸是反物质引起的吗

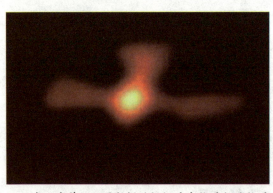

1997 年，康普顿卫星拍摄的银河系中物质与反物质发生的湮灭

小块反物质，脱离了它自己的轨道，就会有机会来到太阳系，甚至进入地球的大气层。一块反物质一旦落入普通的物质里，会立即释放出比同样体积的氢弹还要大几百倍的能量。通古斯那样规模的爆炸，大概只要很少的一点反物质就够了。

李比等人认为：反物质引起大爆炸之后，在地球大气中碳 –14 的含量会有显著的增加，因此，生长在世界各地的树木，在通古斯大爆炸以后的几年里，它们的木质部中碳 –14 的含量也会有显著的增加。

于是，李比等人对生长在美国亚利桑那州两个不同地方的、有 300 年树龄的柏树进行测定，结果发现在大爆炸后的一年，即 1909 年生成的年轮中碳 –14 的含量最高，增加了 14.3%，但仍比预见的量少，因此，还不能肯定这次大爆炸是由反物质引起的。

微型黑洞

引力本来是极微弱的，但如果像地球那样大小的恒星，被压缩到只有乒乓球大小时，它的引力就会大到令人不可思议的地步，一切物体只要到达那里，就全部被吞没，甚至连照在它上面的光线，也逃脱不了相同的命运，就像进入了一个无底深渊的"洞"一样，毫无反射。这样的恒星就变成了一个"黑洞"。

一般黑洞都是由恒星演化而成的。恒星到了晚期，内部的"燃料"全部耗尽，于是星体内部的压力支持不住巨大的外壳，在自身的引力作用下，猛然坍缩，如果密度达到 10^{16} 克／厘米^3 以上，它就成了黑洞。根据理论计算，只有那些质量大于太阳质量 3 倍的致密星在发生引力坍缩时，才有可能变成黑洞。可是，1971 年，赫金索教授提出，在宇宙中可能有许多微型黑洞，它们是在宇宙诞生的初期形成的。那时候，宇宙的一部分在不断膨胀，而另一部分则在不断压缩，在受到压缩的这部分宇宙空间，物质被挤碎，形成许多密度非常高的微型黑洞。或许这些微型黑洞至今仍在宇宙中飘游着。

1973 年 9 月，美国得克萨斯大学的两位科学工作者杰克逊和莱伊安，根据赫金索教授提出的微型黑洞说，在英国《自然》杂志上发表文章，认为 1908 年发生在通古斯的大爆炸如果是这种微型黑洞进入地球大气层，并贯穿地球的话，就能解释这次爆炸中

1 光年

宇宙中的黑洞

发生的全部现象。但是，学术界并不支持他俩的意见，因为通古斯大爆炸如果真像他们说的那样，那么在同通古斯相背的地球一侧也应发生异常现象，甚至还可能在那里找到微型黑洞飞出地球的痕迹，遗憾的是，地球的另一侧并没发现这种现象。

天外来客

那么，通古斯大爆炸究竟是什么东西引起的呢？会不会是来自遥远地方的高级智慧生物制造的一艘核动力宇宙飞船引起的呢？这似乎有些荒诞，但在人类已经进入宇航时代的今天，这样的猜想，恐怕也不是毫无根据的。

最早提出这种想法的是苏联科学家卡扎切夫。1946 年，他在一本通俗的科学杂志上发表文章，认为通古斯大爆炸是从火星附近飞来的宇宙飞船，选择与他们自己星球一模一样的北西伯利亚作为着陆点，或许因为操纵失灵，在空中发生爆炸。卡扎切夫当时担任前苏联综合国防研究所的技术主任，在前苏联学术界中是一位有影响的权威人士，因此，他的意见一发表，立刻引起了强烈的反响。随着宇宙航行的发展，虽然已经查明在火星上并未存在高级生物，但是认为"天外来客"的观点不仅没有被放弃，反而使这场辩论从 20 世纪 60 年代一直持续到现在。

陨石撞击地球

这个"天外来客"不一定是指智慧生物驾驶的飞船，也包括陨石、彗星、小行星等天体。一般陨石、彗星在进入地球大气层时，它们的速度高达每小时 50 000～75 000 千米。但苏联飞机设计专家马诺切诃夫把这个飞行物体在空中飞行的路线画在地图上，计算出它的飞行速度，为每小时 2 400~3 600 千米，这几乎与现代的超音速飞机的飞行速度不相上下。更有趣的是，它的飞行路线，有人认为是由西南向东北方向飞行，也有人认为是由东南向西北方向飞行，这两种说法几乎都有数十个非常可靠的目击证人。再根据飞行物体引起的冲击波遗留的痕迹和爆炸后冲击波残留在树木上的痕迹，发现飞行物体在通古斯上空有过两次改变飞行方向，先是在西伯利亚凯日姆村上空由南向东飞行，而后又在普利奥勃拉热诺村上空改向西飞行，在空中转弯的弧线长约 600 千米。因此，这个飞行物体很可能是由"人"操纵的。一般无"人"控制的天体不会有这样奇怪的飞行路线。

根据 20 世纪 50 年代和 60 年代的调查，发现在爆炸中心的土壤中有许多直径在几毫米以下的颗粒，其成分都为硅酸盐化合物和氧化铁以及少量的镍、钴、铜、锗等，这些东西可能是这艘宇宙飞船的残骸。

有的科学家甚至还对这艘宇宙飞船失事的经过做了大胆的推测：1908 年 6 月 30 日清晨，一艘来自其他星球的核动力宇宙飞船，闯入了地球的大气层，环绕地球飞行。后来，飞船内部发生了某种故障，在离地面 3～8 千米处，飞船修正航线，准备在地球上着陆，但是为时已晚，在通古斯地区上空飞船中的核反应堆发生了爆炸，失事了。

莫衷一是

为了揭开通古斯大爆炸之谜，人们追踪了 100 多年，但还不能得出一个明确的结论。早在 1978 年，苏联举行了通古斯大爆炸 70 周年的纪念活动，前苏联科学界对此仍抱有两种不同的看法：一种认为是从其他星球飞来的飞行物体发生的爆炸；另一种认为是一颗小彗星或者一块陨石引起的爆炸。后来，前苏联的一个研究所经过 6 年的调查研究之后，宣布支持后一种看法，认为这次大爆炸确系陨石所为，这块陨石是在落到地面以前在半空中发生爆炸的。他们估计这块陨石的重量将超过 500 万吨。之后，美国加利福尼亚州理工学院的两位地球物理学家宣布，他们用电子计算机对这次大爆炸进行了各方面的分析，认为这次大爆炸是来自太空

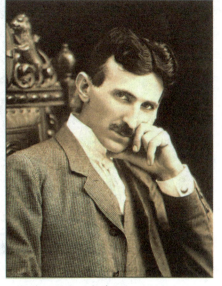

世界著名的发明家特斯拉

的一个大雪球（雪陨石）。据他们解释，一个直径 800 米的雪陨石，以每小时 16 ～ 160 千米的速度撞击地球，所产生的爆炸力相当于 1 000 万吨 TNT 炸药。近来，还有人认为通古斯大爆炸很可能是尼古拉·特斯拉进行的一项远程输送电能的实验引起的！

　　1856 年 7 月 10 日，尼古拉·特斯拉（1856—1943）出生于克罗地亚（后并入奥地利帝国），是世界知名的发明家、物理学家、机械工程师和电机工程师。他是科学史上最重要的发明家之一。特斯拉一生发明无数，最被他看重的发明是交流输电系统和无线电的发明，由他设计并完成的美国尼亚加拉水电站将美国带入了真正的电气化时代。

　　正是这项实验与远在 10 000 千米外的通古斯大爆炸扯上了关系。特斯拉从雷雨中得到启发，闪电实际上是一种电能的无线传输，他希望利用人造闪电来实现全球无线电能传输的梦想。1891 年，他发明了一种"特斯拉线圈"，这是一种谐振变压器电路，通常由两组（或三组）耦合谐振电路组成，通过初级的谐振电路向变压器次级传递能量。也就是说，交流电源先通过高压变压器给电容器充电，当电容器电压达到放电器的放电阈值时，放电器打火，高压电容器和初级线圈组成高频振荡器，向次级传送能量。特斯拉利用它制造人工闪电和无线通信设备。

特斯拉在长岛建造的沃登克里弗高塔

后来，他改进了特斯拉线圈，发明了放大发射机。这是一种空气芯多级谐振的变压器，可以产生极高的电压。空气在高压电的作用下电离成为导体，在发送和接收的两个导体间形成人工闪电，从而输送电能。1893年，在哥伦比亚世博会上，特斯拉展示了他的无线磷光照明灯，没有任何导线链接的灯泡神奇地发出了光芒，震撼了所有在场的观众。后来，特斯拉先后在科罗拉多斯普林斯和沃登克里弗建设高塔，并在长岛点亮了40千米外的氖气探照灯。

　　因此，有人猜测正是特斯拉在进行远距离无线能量传输试验，将强大的交流电集中于通古斯这个杳无人烟的地方。从通古斯爆炸现场来看，树木的炭化程度及土地的磁化可说明这并不是一般的线形闪电所造成的，而更像是球形闪电所释放的巨大能量。在此爆炸发生的前晚，莫斯科等城市上空均出现极亮的闪电。据当地史料记载，6月的一天，特斯拉以电影之名召集当地数百群众见证了通古斯大爆炸，当时没有人相信该爆炸能够由人所为。但是，特斯拉曾说过类似的话："我可以劈开世界，但我不会这么去做。"但是，对于这一说法遭到许多人的反对，认为无线能量传输不是不可能，但是，要引发这样规模的大爆炸几无可能。而且，当时特斯拉已经无钱进行这项实验，他所建的沃登克里高塔也处于停顿状态。

　　总之，这个100多年的疑团，还有待于世界各国科学家作进一步的探索。

传承人类文明的工具——笔的前世今生

　　打开文具盒，各种铅笔、钢笔、圆珠笔……映入眼帘。笔是学生少不了的伙伴，无论写字画画，还是计算解题，都离不开它。但是，随着科技的发展，电脑的普及，笔在一部分人的生活中渐渐淡出，再也不是"笔不离手"，而改为"电脑不离手"，有时要在身上找一支笔变得十分困难，但是手机、电脑却变得随手可得。尽管如此，我们还是不能忘记笔的历史功绩。笔虽然很平凡，但它是人类最有价值的工具之一，传承人类的文明。你知道它是怎么来到我们身边的吗？下面让我们娓娓道来。

中华民族的贡献

　　远古时代，人类在没有发明笔之前，如果要记一些简单的数字或者事情，就只能用尖锐的石头或者用手蘸一点植物的汁液、动物的血在洞壁上划一些记号。自有文字后，人们先将文字刻在甲骨上，后又刻在简牍上，这时用的工具是刀。相传，秦国大将蒙恬发明了毛笔。

　　公元前 223 年，秦国大将蒙恬带兵在外作战，秦王要他定期写战况上报。那时人们普遍使用的书写工具叫"聿"，它是一根约一尺长的竹棍，头部削薄、削尖，再划开一两个小口子，有点像后来西方人用的鹅毛笔，然后蘸取墨汁在简牍（竹片）或帛上写字。送给秦王的战报都要写在帛上，蒙恬用"聿"在帛上写字，感到很吃力，一不小心就会将帛划破，这使他产生了改造"聿"的念头。

　　有一天，蒙恬在荒原上猎获了几只野兔子回营。在回营途中，他偶然见到，兔子尾巴在沙地上留下了一道道痕迹，顿时来了灵感：何不试试用兔毛来改造"聿"呢？蒙恬回营后，就从兔尾巴上剪下一些兔毛，将它们夹在"聿"前端的开口上，试着蘸取墨汁写字。谁知，兔毛上有油脂，不吸墨水。蒙恬一生气，就将那支夹了兔毛的"聿"扔到了营帐外面。

　　过了几天，蒙恬无意中看见被他扔掉的那支"聿"，被扔进了一个石灰水坑里，由于碱性水的浸泡，变得白绵绵的。他捡起来，蘸着墨汁再一试，写字非常流畅，也很漂亮。毛笔就这样被发明了。

　　这只是一个发明笔的传说。事实上，早在蒙恬之前很久，中国就

传说秦国大将蒙恬发明了毛笔

已经发明了毛笔。考古学家认为，毛笔的发明可上溯到 5 000 年之前，在出土的新石器时代的陶器上，已有用毛笔

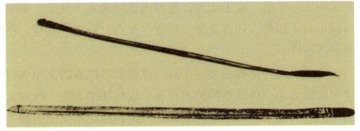

最早的毛笔，下为长沙笔，上为居延笔

绘制的花纹；商朝占卜用的甲骨上也有用毛笔书写的痕迹。在新疆的一座古墓里，发现比战国更早的毛笔。这支笔的笔杆是木制的，以三片木爿合成一个圆管，下端有一圆孔，用来安插笔头。1954 年，在湖南长沙左家农山一座战国古墓中，曾出土过一支毛笔。它是用上好的兔毛制成笔头，笔杆由竹管制成，竹管的一端被劈成数爿将笔头夹在竹管中间，外面用丝线缠绕，封上一层漆固定，还有一个用竹管做成的笔套。因属楚国文物，人们称它为"楚笔"。这枝楚笔出现在蒙恬之前几百年。

古时流传的"蒙恬造笔"之说，可能是因为蒙恬对毛笔做过改进。蒙恬之前的毛笔都用兔毛制成，很软，蒙恬巧妙地将两种硬度不同的兽毛制成柔中带刚的笔头，如鹿毛和兔毛，写起字来更顺手。

到了晋代，有人用鼠须或者鼠尾毛制笔。唐朝时，宣城地方开始用野兔背上较硬的紫毛来制笔，效果奇佳，就是历史上有名的"宣笔"。自宋代起，人们开始用羊毛来制笔。至今，羊毛还是制毛笔的首选材料。后来，人们制毛笔常用的材料还有黄鼠狼毛，这就是狼毫笔。羊毫笔较软，狼毫笔较硬，用两种毛混合制成的兼毫笔，软硬适中，这些笔想来我们的读者都曾使用过。我们的祖先发明用兽毛制成的书写工具——毛笔，是人类最早使用的书写工具之一。后来，毛笔的制法有了改进，将竹管的一端镂空，把笔毛放入镂空的腔里。现在，用来制作笔头的兽毛

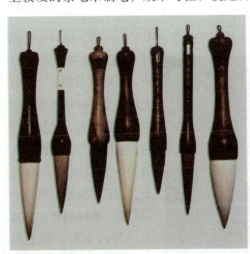

各种毛笔

除了兔毛、羊毛、鹿毛之外，还可用黄鼠狼毛、鼠毛、鸡毛等。制作笔杆的材料除了竹子以外，还有象牙、犀角、玉石、琉璃、紫檀、花梨等，但是用得最多的还是竹子。

毛笔是一种绝妙的书写工具，在世界各民族的文字书写中，之所以唯有汉字书法能成为一种独立的艺术作品，应归功于毛笔。西方人尽管也使用动物毛制成的笔，如水彩笔、油画笔等，但他们的应用比中国的毛笔晚得多，应用范围也窄得多。

所以，有西方学者感叹道："从毛笔的发明可看出东方人的巧思。这种笔表现力的丰富，是现在任何笔也比不上的。"

毛笔与墨、纸、砚合称为"文房四宝"，一直流传至今，成为世界上历史最悠久的书写工具。

古埃及人的发明

5 000多年前，古代埃及人使用尼罗河畔生长的一种纸莎草当纸，用纸莎草的茎作为笔。他们将纸莎草的茎斜着切断，蘸上用矿物颜料和水调成的"墨水"写字。纸莎草是一种高大的草本植物，它的茎很粗，像竹管一样。这种"笔"使用起来很不舒服，后来他们改用芦苇作笔。

埃及的尼罗河畔同样盛产芦苇，埃及人在芦苇丛中采集芦苇，然后把它们

保存在法国卢浮宫中的埃及笔和笔盒

埋在畜粪堆里，几个月后，再把芦苇取出。这时的芦苇变得异常光滑，颜色呈黄黑相间，犹如中国的"湘妃竹"，很漂亮。随后，埃及人把芦苇烘干，使它们变硬，再将一端削尖，中间剖开，便成为一枝蘸水笔。蘸上墨汁，墨汁会沿着芦苇尖的

裂缝流到纸上。

在古埃及，开罗和亚历山大港都有出售这种芦苇笔的著名市场。后来，传至希腊以及欧洲和一些东方国家，使用时间长达数千年。

芦苇笔的缺点，是由于它太脆、太硬，不仅容易磨损，而且容易划破莎草纸和羊皮纸，同时，

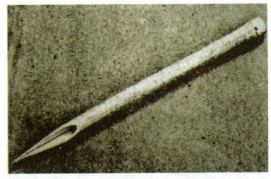

埃及人发明的用芦苇做成的笔

它墨水蘸多了，会流下来沾污白纸和弄脏写字人的手，这使风姿绰约的贵夫人和小姐感到很不雅。

据说，6世纪，荷兰的一位米诺莎小姐，在给她的白马王子写情书时，拿起芦苇笔正想书写她心中最美好的情感。这时窗外踱来了一只雪白的鹅，昂起高傲的头颈，一阵"嘎嘎"的叫声，扑腾着翅膀，一片羽毛落地。

米诺莎小姐顿时突发奇想，为何不用洁白的鹅毛来做笔呢？她激动地奔了出去，拾起了那片鹅毛，仿照芦苇笔做成了一支鹅毛笔。从此，人类又有了一种新的书写工具——鹅毛笔。这种漂亮的鹅毛笔很快被传开，并进入了千家万户，在欧洲及世界上许多地区风行了1 000多年，许多文人用它写下了无数的世界文学名著、科学典籍、历史巨篇。

鹅毛笔

鹅毛柔韧有弹性，如果用力大一点，笔尖的缝隙会张开得大一点，写出的字线条粗，刚健有力；用力小一点，写出的字秀气、娇美。这种笔不仅可用来写字，还可用来绘画，用它绘成的画，线条流畅，变化多端，很耐看。鹅毛笔比芦苇笔进步了不少。

在鹅毛笔流行的年代，制作鹅毛笔成为一种颇有规模的制造业。在当时鹅毛笔制作最发达的荷兰、

俄国、德国、波兰等国，每年都要饲养几百万只鹅。制作一支鹅毛笔很不容易，要费好半天工夫。先要从鹅的翅膀上拔取羽毛，一只鹅的翅膀只能拔取十多根羽毛。然后，用刀削尖羽毛根部，并将它磨光，然后开一条缝。但是，鹅毛笔在使用过程中，它的尖端磨损很快，必须经常切削或更换，因此，当时有专门"削羽毛的人"。这触动了英国人哈里斯的发明神经，能不能用更结实耐用的材料来替代鹅毛制笔呢？

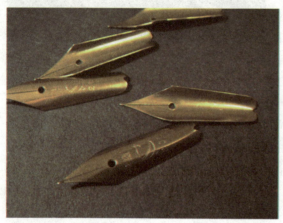

用机器生产的钢笔尖

哈里斯所在的伯明翰，钢铁冶炼和加工业十分发达。哈里斯毫不迟疑地选择用金属来制作笔尖。1780年，哈里斯制出了第一枚用金属制作的笔尖，他将这种笔尖绑在木杆上使用。人们认为，这就是世界上最早的金属蘸水笔。可惜的是，哈里斯的铁笔尖太硬，容易划破纸张，所以，他的发明未能得到推广。

其实，用金属来制作笔尖，在哈里斯之前就已经有了。在尼泊尔国家博物馆里，陈列着一枝从意大利古城庞贝废墟中发掘出来的蘸水笔。它的笔尖是一块小铜片，尖端部分开有一条小缝。

后来，一个叫斐利的英国人对哈里斯的发明作了改进。他在制造材料和制作方式上下工夫，使笔尖既具有一定的硬度，又有一定的弹性。笔尖略略弯一点，使它不会划破纸张。1803年，斐利的蘸水钢笔正式问世，但由于价格高昂，买的人不多。

1829年，一位英国文具制造商米奇尔用机器生产蘸水钢笔尖，由于价格低廉，一天之内销售一空。米奇尔的成功使人类彻底告别了鹅毛笔。

1852年，英国的荷尔斯在笔尖上焊了一小粒耐磨合金，

蘸水钢笔

解决了笔尖的耐磨性问题。这种合金由澳大利亚塔斯玛尼亚的天然铱锇矿石冶炼而成，故这种笔尖被人们称为"铱金笔"。但由于这种矿石很少，已满足不了钢笔生产的需要，后来采用钨、钼、铼等难熔金属加上钴、镍等韧性高的金属制成笔尖，虽然没有了铱，但人们还是习惯地称它为"铱金笔"。

经过哈里斯、斐利、米奇尔、荷尔斯四人的努力，使英国成为世界上最早的制笔国家。1858年，美国的埃斯塔布鲁克在凯姆登创办了第一家钢笔公司，不久，一批钢笔公司在美国问世。到第一次世界大战前，美国的制笔公司已超过了英国，成为世界制笔业大国。

现在，人们使用的蘸水钢笔尖通常是用不锈钢或镀镍的钢片制成的。它很坚实，也不会生锈，一只笔尖能用上好几年。

牧羊人的发现

古代，世界各国都有用铅写字、作标记的记载。因此就有了"铅笔"这一名称。

在《东观汉记》中，就有"曹褒寝则怀铅笔，行则诵读书"的记述。由于"铅笔"比毛笔使用起来更方便，所以，曹褒晚上在床上看书，就用"铅笔"来书写，晚上也就与"铅笔"同衾合寝了。

在欧洲，从希腊、罗马时代起，就有人手握铅棒或将铅条夹在木棍里写字。罗马贵族在铅条外面还会套上华贵的皮套。考古人员曾在埃及法老的金字塔中发现过一些圆形的铅块，是古代埃及人使用的"铅笔"。这大概是古代"铅笔"中形状最为奇特的一种了。

用铅当笔并不合适，除了铅有毒以外，它坚硬难写，颜色很浅，写出来的字笔画很细，而且模糊不清，逐渐被淘

世界上最大的铅笔

汰了。现在，人们仅在一些博物馆里还能见到这种古老的笔。

1564 年，一场猛烈的飓风袭击了英国坎伯兰郡，坎伯兰郡布洛迪尔山谷附近的一棵大树被大风连根拔起，地下露出一大块黑色的矿物。风暴停息之后，一个牧羊人赶着羊群路过这里，看见这块露出地面的黑黝黝的石头。他好奇地用手一摸，沾了满手黑，用指甲一划，软得能刻出印记来。这使他感到新奇，像这样黑的、软的"石头"，他还是第一次见到。这个聪明的牧羊人马上想到了它的用途：用它在绵羊身上画记号，自家的羊群就不会认错了。牧羊人就采撷了不少这样的石头，随身带走。因为这种石头手一摸就黑，有点像铅，牧羊人就把它叫做了"黑铅"。后来，当地的牧羊人都用它在羊身上做记号。

有一位商人见到了这种"黑铅"，马上想到它可以派上比在羊身上做记号更大的用处。他挖掘出这种黑石头，然后，切成一条一条，用线缠绕起来，避免把手弄脏。他给这东西起了个名字叫"打印石"，贴上商标，卖给其他商人在货物包上标号码、写字。这种"黑铅"实际就是石墨。石墨质软、色黑、滑腻，划出的印痕粗黑清晰，比那种用铅条制成的"铅笔"不知好用多少倍。所以，它很快通过英吉利海峡传到了欧洲大陆。

现在，在坎伯兰郡凯斯威克镇上有一个"铅笔博物馆"，那里陈列着各式各样的铅笔。有最早用布裹着的铅条，有古埃及的圆铅块，有罗马贵族套皮套的铅棒，有切成细条裹以纱线的石墨。它们静静地躺在展柜里，向前来参观的人们述说着人类发明真正的铅笔之前，铅笔所走过的历程。

人们在用了一段时间的"打印石"之后，最初的狂喜就被不满意代替了。划的记号颜色太深，划上去的印痕容易脱落，弄脏手和物品，稍一用力就折断……人们对"打印石"引发了种种不满。

1761 年，德国巴伐利亚的一位工匠法贝尔，将在卡斯塔尔煤矿附近采集的一些石墨矿石，磨成粉末，用水冲洗去掉杂质，获得了较纯净的石墨粉，然后掺入硫黄、锑和松香，再在模子中压成石墨条。这样制成的石墨条

画家发明的带橡皮头的铅笔

就不易弄断。在石墨条外面裹上纸卷后，制成铅笔，拿到商店里去卖。法贝尔的铅笔很快就出了名，并开始源源不断地向法国、英国出口。

1789年，法国画家孔特对法贝尔的铅笔又作了改进。当时，他手头只有不多的一点石墨，怎样才能用这点石墨制成尽可能多的笔来呢？他琢磨来琢磨去，终于有了主意：在石墨粉中掺一些黏土试试，结果效果出乎意料得好。他发现，在石墨中加入不同数量的黏土，然后在窑里烘烤，制成的石墨条不仅坚固耐用，而且可以根据加入的黏土多少，烧制时采用不同的温度，制造出可以划出浓淡不同的石墨笔。

孔特的铅笔比法贝尔的好。据说，拿破仑特别喜欢用孔特的铅笔。法贝尔听到人们对孔特铅笔的称赞后，对铅笔又作了改进。经过长时间的反复钻研，他终于发明了性能更好的铅笔。

法贝尔和孔特的铅笔都只是一根细细的石墨条，太容易折断。1812年，美国马萨诸塞州的一位木匠门罗想出了为石墨条穿上木头外衣。门罗造了一台机器，能在一块木板上平行开出8条凹槽，在往凹槽里装入铅笔芯（石墨条）后，再合上另一块同样开有凹槽的木板，用胶水黏住。然后，将这块嵌有8根铅笔芯的木板切割成8根木条，每根木条中都有一根铅笔芯。这就是我们现在所用的铅笔。一支18厘米长的铅笔，可以划55千米长的线条，写出45 000个字。

门罗的铅笔诞生后，又有人感到不满足了，认为它太浪费木材，削铅笔又要花费时间，使人感到麻烦。1822年，英国的霍金斯与莫达合作，发明了第一支铅笔芯可以伸缩的"伸缩式铅笔"。此后，又经过许多次的改进，逐渐发展成为今天的"自动铅笔"。

在铅笔发明的历史中，皮头铅笔的诞生是一个有趣的故事。100多年前，有一天，美国画家李普曼在工作室里静心作画。他先用铅笔勾了一幅草图：美国西部牧场的风光，远处的农舍、近处的牛群展现在眼前。李普曼把草图挂在画架上，眯着眼端详了一会儿。他觉得有的地方需要擦掉重画，可是橡皮放在哪里去了？摸摸上衣口袋，没有；翻翻书桌，也没有。李普曼找了好一阵子，才在地上的一角拾起这块橡皮。他擦了额上冒出的汗珠，小心地擦去了多余的线条。这时他发现原来手中拿的铅笔，又不知放到哪里去了。李普曼嘴里叽里咕噜地骂了一句，又忙着去找铅笔。就这样折腾，一会儿找橡皮，一会儿找铅笔，不仅浪费了不少时间，也没有了作画的好心情，李普曼气呼呼地窝在沙发里生闷气。

过了几天，李普曼又来到工作室。他想，上次为了找铅笔、橡皮打乱了自己的构思。于是，他用一个纸袋，将铅笔、橡皮装在一起，用一样拿一样，用完放回纸袋。这样一来，东西是在一起了，但用起来有点麻烦。李普曼想，怎样能让铅笔和橡皮不分开呢？他用一根细绳子，一头拴住铅笔，一头拴住橡皮，但这也不是一个好办法。

又过了一段时间，李普曼在书桌前用一把小刀削铅笔。突然，他心血来潮，随手把橡皮切成跟铅笔一样粗细的圆棒。在比划了一阵子后，一个灵感迸发出了耀眼的火花！他把橡皮与铅笔连接起来，外边用纸条包紧，并用浆糊粘牢，于是一头是铅笔，另一头是橡皮的皮头铅笔就宣告诞生了。李普曼的发明，被一家美国公司的老板看中了。老板聘请了一些工程师，对李普曼的发明作了一些改进。用薄铁皮包扎铅笔与橡皮，再在薄铁皮上压几圈纹，扎几个小孔，将它们牢固地连在一起。这种新型的橡皮头铅笔一投入市场，就受到了人们的欢迎。

现在，全世界每年生产的铅笔达 100 亿支，有 350 种之多，仅黑色铅笔就有 19 种深浅不同的颜色。颜色铅笔有 72 种，可在玻璃、布匹、玻璃纸、塑料、胶片、皮肤上画线、做记号。有一种工程铅笔，它划下的笔痕，即使隔了好几年，经历日晒雨淋也不会褪色。另一种自动消色笔，用它写字，隔几小时或者几天，纸上的笔迹会消失得无影无踪。这种自动消色笔可用于裁衣画线，衣服缝制好后，不会留下划线的痕迹。如果用这种自动消色笔记临时笔记或者不需要保存的会议记录，笔记本可以重复使用，节省纸张。太空笔是宇航员在太空出舱时，使用的一种"太空书写笔"，要应对真空、失重、低温、高温等极端条件，且在强力振动的冲击下也不会断裂损坏。太空笔一次能连续书写 200 个 2 号字的汉字，浓度达到 4B，而硬度相当于 HB 标准。为了方便航天员在穿太空服、戴手套的情况下能自如地握笔书写，"太空笔"的直径为 18 毫米，笔芯作磨圆处理，并附有笔帽。为防止"太空笔"在失重状态下"漂走"，笔身与笔帽、笔与出舱活动手册之间都用降落伞伞绳相互连接。

中国宇航员用的太空书写笔

毛细管的功绩

蘸墨水的笔在使用时要携带墨水瓶，很不方便。所以，人们一直希望能有一种储藏墨水的笔。在米奇尔发明蘸水钢笔尖时，就有人设想在钢笔杆里灌墨水，书写时就不用蘸墨水了。但当时的蘸水笔杆都是木质的。这种设想遇到了实际困难。

1809 年，英国颁发了第一批关于贮水笔的专利证书。早期的贮水笔，墨水不能自由流动。写字人压一下活塞，墨水才开始流动，写一阵之后又得压一下，否则墨水就流不出来了。这样使用起来很不方便。英国的布拉玛用薄薄的银片做成空心的笔杆，在里面存放墨水。不过，人们每次使用之前，都要按一下笔后的一个活塞，挤下一点墨水到笔尖才能写出字来。如果写的字比较多，就要按几次。同时，这种笔还容易漏墨水，所以这种笔没有被推广使用。1852 年，胶木（一种塑料）发明了，用胶木制造的笔杆，既结实，又不会漏水。用胶木制造的空心笔杆，虽然可以储存墨水，但是，还没有能解决控制墨水流出多少的办法。所以，人们仍然使用蘸水钢笔。

1884 年一天，美国一家保险公司的业务员瓦特曼刚刚从对手那里抢来一份保险合同，当他将鹅毛笔和墨水递给委托人，让委托人在合同上签字时，鹅毛笔上滴下来的墨水把合同弄脏了，瓦特曼赶紧出去再找一份合同，但就在这时，另一家保险公司的业务员将这份合同抢走了，刚到手的生意就这么丢了。这件事刺激了瓦特曼，他决心发明一种能控制墨水流量的自来水笔。他日思夜想，最后从植物内毛细管输送液体的原理中受到启发，经过多次试验终于制成了"自来水钢笔"。

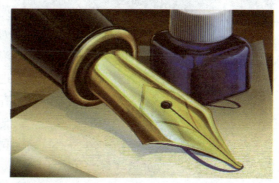

自来水钢笔

这种笔的尾部可以卸下来。墨水是由小滴管从尾部加进去的，再利用毛细管作用，通过一段钻有一条非常细的通道的硬橡皮管，连接笔管里的墨水储管和笔尖。笔管有了少量空气，书写时，笔尖受到压力，墨水就会顺着硬橡皮管中的细通道慢慢流出来。

20世纪初期，出现了一种能自己吸墨水的钢笔，它用一个活塞来吸墨水。后来，在笔中用了皮胆，就插入一片铁片去挤压皮胆来吸墨水。20世纪30年代，美国的中学教员派克发明了一种"清水笔"。在它的笔管里，事先放入墨汁，用时只要吸进清水，就可以书写。这一发明大获成功。他创立的派克公司也成了世界著名的制笔公司。20世纪80年代，派克公司发明了一种"印刷钢笔"。这种钢笔不仅可以用来书写，而且借助于嵌入笔头内的微型球状物，竟可在纸上印刷出凸形的字母来。

1888年，一个爱搞小发明的美国人劳德在一根管子的一端装上一颗能自由转动的金属小圆珠，管内注入印刷用的油墨。当金属小圆球在纸上移动时，管内黏稠的油墨便从圆珠和管子的缝隙间渗出，在纸上留下油墨的痕迹。

当时，劳德的笔存在两个问题：一是作为笔尖用的金属小圆珠很难制作，如果圆度和硬度不理想，书写时，时而不出油，时而出油过多，会把纸弄得很脏；二是油墨难以调配，太稠了写不出，太稀了不写也往外流。

50年后，一位匈牙利记者拜罗在新闻速记中使用钢笔仍感到很不方便。有时墨水用完了，措手不及；有时笔尖堵塞出不了水，急得要死；写字用劲大了，笔尖将纸戳破。于是，他决心研制一种不需补充墨水的笔。

拜罗不知道劳德当年的发明。他找哥哥格奥尔帮忙，1938年，他终于将自己的设想发明出来了。巧合的是，他们的发明几乎与当年劳德发明的一模一样，所以有人戏称是"圆珠笔的第二次发明"。

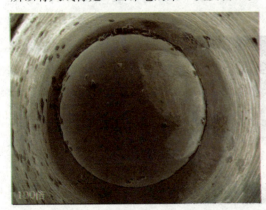

放大100倍：油墨从圆珠和笔管之间渗出

拜罗以"油溶笔"的名称在英国申请了发明专利，并在英国的列丁镇建了一家小工厂，生产"油溶笔"。由于拜罗的发明并没有改进劳德的发明，这种笔的缺点依然存在，产品严重滞销。1944年，他们将专利卖给了美国的爱弗斯公司（现美国派克公司的分公司）。爱弗斯公司的老板雷诺是个很有眼光的生意人。他认定这种

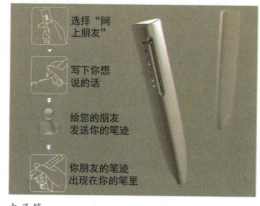
电子笔

笔大有前途，于是买下了这项专利。回美国后，他请一位奥地利化学工程师弗兰茨基改良油墨。弗兰茨基在油墨中加入了乙醇等化学物质，克服了原来的缺点。

雷诺很快生产出了第一批圆珠笔。他马上在美国纽约街头张贴出一张海报，说1945年10月19日，在金贝尔斯商店里，有人将作水下写字表演。这则广告吸引了许多好奇的人。那天，有5 000多人前来观看。雷诺拿起一支笔，伸到一只盛满水的玻璃缸里，在一张硬纸上很流利地写着。写完后拿出来一看，纸上有一行行清晰的字样。这种笔立即引起了观看人的极大兴趣，10 000支笔当天就被卖光。

由于这种笔的顶端有一个金属小球，所以称它为"球笔"。后来，大家都叫它圆球笔。不过，它刚传入中国时，正值美军在广岛上空投了一颗原子弹。为追求广告效应，代理商给它起名叫"原子笔"。

雷诺生产的圆珠笔是可以添加油墨的。油墨用完后，人们可打开笔管的后盖，再灌进油墨去，就像自来水钢笔可以添加墨水一样。这种笔使用时间一长，由于圆珠的磨损，就会发生漏油现象。于是，有人研制了耐磨性更好的宝石笔珠或合金笔珠。但是，在笔芯与笔珠接触的部分被磨损时，仍会有油墨漏出。日本发明家中田藤三郎想出了一个绝妙的主意。他将灌装油墨的小管做得很细，可少装一些油墨。这样，没等笔珠磨损，油墨就用完了，到时扔了再换一支新的。这是一个极其简单的解决办法，使圆珠笔在全世界流行起来。

现在，人们又研制了许多新颖的圆珠笔。例如，"宇宙笔"是一种供宇航员使用的圆珠笔。它与普通圆珠笔不同，在笔中充

激光笔

有 3 ~ 5 个大气压的氦气，在没有重力的宇宙空间，它能依靠气体的压力，使油墨流向笔头。用圆珠笔写成的字，一般是擦不掉的，但是，现在人们研制出一种可擦圆珠笔，可以用橡皮轻轻擦去它的字迹。

科学技术发展了，笔也跟着发展。这几年出现了许多笔的新品种，如塑料笔，它用磨尖的塑料纤维棒作笔尖，用吸水的合成纤维代替贮水的皮管。在塑料笔中吸入一种荧光墨水，用它写成的字，在日光下看不见字迹，但在紫外线的照射下，就会显出清晰的字迹来。因此，人们可以用它在贵重物品上做记号，一旦贵重物品被窃，就很容易被侦破。人们称这种笔叫"侦探笔"。还有采用现代最新技术的笔，如电子笔、激光笔、超声波笔……我们未来的书写工具将是多么丰富多彩啊！

打字机的诞生

打字机也可以说是从笔延伸出来的一种书写工具。它是由一个叫肖尔斯的美国人发明的。肖尔斯在美国一家烟草厂工作，跟打字机一点关系也没有，他的发明纯粹是一连串的奇遇和巧合。

他妻子在一家公司当秘书，经常将做不完的工作带回家，连夜赶写材料，非常辛苦。肖尔斯担心把妻子累坏，只好帮她抄写，有时抄到深夜，两人写得手臂酸疼。于是，肖尔斯就有了发明写字机器的想法。

最初，肖尔斯打听到一位老技工叫白吉纳，他曾与自己的一位朋友研究过写字机器，于是肖尔斯找到白吉纳。白吉纳将他同那位已去世的朋友断断续续研究了十几年没有成功的写字机模型送给了肖尔斯，并告诫肖尔斯，发明写字机是非常困难的事情。

肖尔斯把写字机模型搬回家，开始了艰苦的研究工作。打字机的字臂，使肖尔斯伤透了脑筋。因为他被那种盖印章的传统概念禁锢住了：他认为字键与字印之间不宜距离太远，最好是字键在上，字印在

为爱情发明的打字机

下，一按就可以有字打出来，像盖图章一样，这样既简单，又能缩小机器。后来，他发现这一构想根本无法实现。

因为字键在上、字印在下的结构，字臂不能太长，否则，就像树根一样盘在下面，既复杂又不实用。如果字臂太短，就不能运用自如，因此，他陷入到了困境之中。

一天深夜，肖尔斯工作累了，到院子里去散步，回到房里再想重新工作，他抬头一看，妻子弯着背在写字的侧影。肖尔斯顿时觉得，坐在那里的不再是他妻子，而是他苦思冥想的打字机。如果把他妻子的头当作字键，弯曲的臂当作字臂，这种结构不是很理想的设计吗？肖尔斯高兴地跳了起来，喊道："成功了！"

经过4年的努力，在1867年冬天，肖尔斯终于发明了世界上第一台打字机。在1876年的博览会上，肖尔斯展出了他的打字机，但遗憾的是，没有引起人们的注意。雷鸣顿公司采取了把打字机借给数百家公司使用的办法，才逐步打开了市场。

目前，世界上已有几百种不同类型的打字机，如上行打字机、前行打字机、带打字轮的钟型打字机、带打印杆的打字机等。现代精巧的电动打字机，比原来怪模怪样的打字机进了一大步，但肖尔斯的键盘却几乎毫无改变地保留了下来。

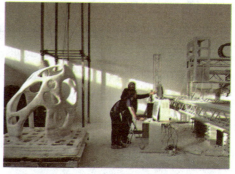

3D 打印机

现在，打印机有了新的用途，一种 3D 打印机能打印灯罩、身体器官、

3D 打印的无人机

珠宝、定制的足球靴、赛车零件、固态电池以及手机、小提琴等，几乎是小到机械零件，人到一座建筑，它都能打印出来。因此，它有了"万能制造机"的美名。

这种 3D 打印的原理很简单，它先将物品转化为 3D 数据，然后逐层分切打印，每层厚度只有 0.01 毫米。打印时，3D 打印机用粉末（塑料粉末、金属粉

3D 打印的房子

末等）而非墨粉进行打印。粉末会一层层地被特殊的胶水粘合，按照不同的横截面图案固化，并一层层叠加，像做蛋糕那样创建一个三维实体，最终一个完整的物品就会在粉末槽中成型。3D 打印的速度比较慢，每小时仅25 毫米高度的垂直速率，但打印精度可达到 600dpi 分辨率，色彩的深度也可达 24 位。

英国南安普敦大学的工程师用 3D 打印技术打印出了世界上第一架无人机。这架飞机的外形似 1936 年开始生产的惠灵顿式轰炸机，机翼长 2 米，最高时速接近 160 千米，蓄电池充满电可供飞机飞行半小时。它由发射器弹射升空，没有起落架，靠机腹滑行着陆。机身由从机头到机翼的前半部分和具有 V 形尾翼的后半部分组成。他们只用了五天时间，无人机就飞上了蓝天。

美国麻省理工学院的博士生彼得·施密特用 3D 打印机打印出了一个类似他祖父辈使用的钟表，这只打印而成的塑料钟表，一挂在墙上，就开始滴答滴答地走动起来。

在上海的张江高新青浦园区内的一片空地上，矗立着 10 幢一至两层的毛坯新房。它们不是用人工一砖一瓦建造起来的，而是由一台 3D 打印机，在 24 小时内打印完成的。走进一间 3D 打印的房间：门窗、安装预埋件等都在"打印"过程中预留了出来。与众不同的墙体，并非由钢筋水泥浇筑，而是用一种来自建筑垃圾的特殊"油墨"，根据电脑设计图纸和方案，在现场层层叠加"喷绘"而成。一只巨大的喷头，像奶油裱花一样源源不断地喷出灰色的"油墨"，层层叠加上去，很快便"砌起"一面高墙。之后，在墙与墙之间，像搭积木一样垒起，再用钢筋水泥进行二次"打印"灌注，连成一体。整个打印过程，只需要一张图纸、一台电脑、就地取材制造的足够"油墨"，在 24 小时内可以打印出 10 幢 200 平方米的建筑。

这台巨型打印机，高度足有三层楼高，宽 10 米、长 32 米，还可以延伸至150 米，底面占地面积足有一个篮球场那么大。3D 打印技术完全颠覆了传统的建筑技术。

从童年的『天使』到现代机器人

　　玩具是小朋友的天使，它给我们的童年生活带来了无穷的乐趣，有些玩具还成为了世界科学技术和文化发展的萌芽。据说，在美国华盛顿宇航博物馆的大厅中挂着一只中国的风筝，上面写着"人类最早的飞行器：中国的风筝和火箭"。有些古代的玩偶甚至还可以找到现代机器人的踪影。玩具的历史十分悠久，长达几千年。下面我们就来寻觅一些古代的玩具。

3 500 年前的玩具

在一块木板上，有一个弯腰的小木偶，它的双手拿着一块"面团"。拉动系在它身上的绳索，它就在"工作台"上揉起"面团"来。这是古代埃及人制作的面包师玩具，大约有 3 500 年的历史了。

早期的玩具，大多是木制的，容易腐烂，现在已经很难找到了。目前发现的最早的玩具是从埃及古墓中发掘出来的，大概已经有 4 000 年的历史了。

你知道玩具是谁发明的吗？最早发明玩具的正是儿童自己。很久很久以前的远古时代，孩子们用竹、木、泥土等天然材料制作模仿大人活动用的东西，例如，住的房子、用的家具、打猎的弓箭等，这些就是儿童最早的玩具。世界上各个民族都有自己发明的玩具。古代埃及人用木头制作的玩具娃娃，双臂可以活动，头上有用人发编成的假发，在假发中还编入了小的黏土球，模拟当时女仆发式上的油脂球。古代波斯人则用布来制作玩具娃娃，并在它脸部画上眼睛、鼻孔、嘴巴和耳朵，栩栩如生。在美洲的印第安人做的玩具娃娃比较简单，在一块木板上加一个头，就成了玩具娃娃。古代日本的玩具娃娃制作相当考究，娃娃的身体用削去皮的杨柳枝做成，外面套上用纸做的衣服，头上用削下来的树皮做成假发进行装饰。生活在北极的因纽特人喜欢用鲸骨来刻制玩具娃娃。在美国康涅狄克州，有一座别开生面的玩具娃娃博物馆，里面陈列着 9 000 多个各种各样的玩具娃娃，十分可爱。

中国有一种古老的玩具，叫竹蜻蜓。它是由一片三四寸长的竹片或木片，在中间开一个小孔，插入一根小

中国古老的玩具——竹蜻蜓

木杆而成的。竹片（或木片）的两端扭成相反的斜角。如果你用两只手掌搓动木杆，然后放手，竹蜻蜓就会脱手飞上天空，一两分钟后才落到地上。这种玩具已有2 000多年的历史了。它在18世纪传到欧洲，立刻受到英国和法国科学家的重视，他们纷纷仿制，并经常在英国伦敦大学和法国科学院进行表演，法国人还给它起名叫中国陀螺。

从玩偶到机器人

  玩偶是儿童的玩具，古代大人对它的"孪生兄弟"机器人情有独钟。自古以来，无论是中国人，还是外国人，都有一个机器人的情结。中国最早拥有这一情结的是战国早期的思想家列子。列子是老子和庄子之外的道家思想的代表人物。由列子、列子弟子和列子后学著作汇编而成的《列子》，一共八卷、一百四十章，由哲理散文、寓言故事、神话故事、历史故事组成，其中有一篇《汤问》讲述了偃师的一个能工巧匠创制机器人的故事，将人们心目中的机器人描绘得栩栩如生，在生动起伏中介绍了机器人的功能和原理。

  周穆王到西部巡视，越过昆仑山，到达弇兹山，然后返回。在尚未到达中原的路上，有个名叫偃师的人，要将自己的技艺奉献给穆王。穆王召见他，问他："你有什么才能？"偃师说："我造出了一件东西，希望给大王看看。"

  穆王说："过几天你把它带来，我们一块儿看看。"过了一天，偃师又来拜见穆王，穆王召见了他，说："和你一道来的是什么人啊？"偃师回答说："是我造的能唱歌跳舞的人。"它行走俯仰，和真人一样。偃师摇它的头，它便唱歌；碰它的手，它便跳舞。你想叫它干什么，它就能干什么。歌舞表演结束，

中国古代机器人幻想图

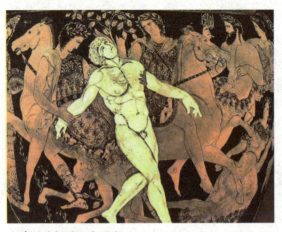

古希腊的机器人太罗斯

它还会眨眨眼睛，向穆王和周围的嫔妃打招呼。穆王大怒，说偃师拿真人来欺骗他，要杀偃师。偃师连忙剖开那唱歌跳舞的"人"，让穆王看，原来都是用皮革、木料、胶水、油漆、白粉、黑粉、红粉、青粉等材料做成的。穆王仔细察看，体内的肝、胆、心、肺、脾、肾、肠、胃，体外的筋骨、四肢、骨节、皮肤、汗毛、牙齿、头发等，

全是假的。穆王试探着拿走它的心，它的嘴便不能说话；拿走它的肝，它的眼睛便不能再看东西；拿走它的肾，它的脚便不能走路。穆王这才高兴地赞叹道："人的技巧竟然与创造万物的天帝有一样的能耐。"穆王令偃师坐上副车一同回到中原。

　　这是2 000多年前，中国古代人心目中的机器人。它们与人一样有五脏六腑，四肢齐全，只不过不是血肉之躯，而是用皮革、木头、胶漆和颜料制成的。但是，它们与人一样，能歌善舞，所不同的是，它们必须听从人的指挥。按它的脸，它才会和着音乐的旋律唱歌，碰碰它的手，它才会和着节拍翩翩起舞。表演结束，它还会眨眨眼睛，吸引观看它表演的人。

　　或许比偃师生活的年代稍微晚一点的古希腊时代，古希腊人也思考和想象过他们的机器人，一个名叫太罗斯的机器人故事出现在希腊神话中，并广为流传。古希腊发明家戴德洛斯为克里特国王米诺斯造了一具机器人。它是用青铜（铜和锡的合金）制造的巨人，具有惊人的力气。每天，太罗斯巡视克里特岛三次，防止

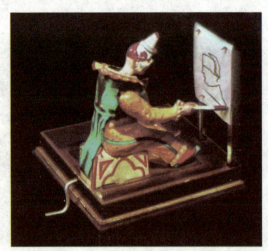

小丑画家

敌国的军队前来偷袭。它是以水、空气和蒸汽为动力的。巨大的岩石，对它来说不在话下，可以高高举起扔向敌人，或把敌人的舰船砸沉在大海中。它的青铜躯体，好比是一身金匮铁甲，刀枪不入。炽热的蒸汽又将它的青铜躯体烤得浑身赤热，使人无法靠近。

但它也有一个致命的弱点，从头经过它的躯体到脚后跟有一根管子，就像人体中的血管一样，水、空气和蒸汽在它里面流动，为太罗斯提供动力。在脚后跟的管子头上，有一个用青铜做成的塞子，一旦这个塞子被拔去，太罗斯就会失去动力而倒下。

有一个叫梅迪亚的女巫十分害怕太罗斯，千方百计要谋害太罗斯，在她获知了这个秘密后，她就对太罗斯说："你只要拔掉脚后跟的青铜塞子，就可以获得永久的生命，再也不用将水、空气变成蒸汽获得力量。"太罗斯太渴望"永久生命"了，上了女巫梅迪亚的当，自己拔掉了脚后跟的青铜塞子，马上轰然倒地。

在吉隆所著的《谈制造自动机械的艺术》一书中，描述了古代希腊的自动木偶剧院，受到古希腊人热烈欢迎的情景。2 000多年前，这种自动木偶在希腊的剧院里进行过引人入胜的表演。一艘载着12名士兵的战舰，在大海中遇到了风暴，战舰被海浪倾覆，舰上只有一名叫阿亚克士的士兵游到了岸边，但是，等候他的仍然是死亡，女神阿菲娜大发雷霆，用雷电向他劈去。剧中的12名士兵都是由木偶扮演的。但是，这些木偶表演的动作不用人来牵动，完全是由机械自动操纵的。

中世纪以后，人们对制作机器人的兴趣日益浓厚，由于受制于当时的科学技术条件，虽然出现了许多人形机械，但还称不上是机器人，最多是一具人形玩偶。

16世纪，德国的克利斯特法·列斯勒曾经造出过自动玩偶。到了18世纪，人形玩偶已经风靡欧洲。

法国的一位著名工匠制作了一具人形玩偶"小丑画家"：一个小丑头戴一顶小帽子，身穿一条镶红

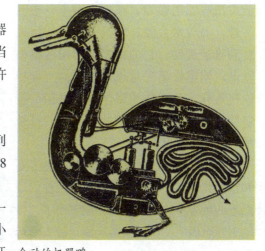

会动的机器鸭

小丑音乐家

条的长裤和大红坎肩，坐在一只小凳子上，左手握一支笔，坐在画板前，镇定自若地作画。不一会儿，它笔下就勾勒出了一幅法国皇帝拿破仑的头像。它不仅能画拿破仑的头像，而且会画路易十六等法国历史人物的头像。人们对它高超的绘画本领惊叹不已。

"音乐小丑"也是一件著名的机械玩偶。它由法国著名玩具制作家制作，非常精巧。一辆三轮小车上放着一只大圆鼓，鼓后站着一个头戴丑角帽子的小男孩，他一只手拿着一片铜钹，另一只手拿着一根击鼓棒；开动玩具，小男孩的两手会有节奏地敲钹、击鼓，真是妙

不可言！

另一位法国天才技师杰克·戴·鲍堪松幼年时就擅长创造发明。在1738年，他用一套齿轮装置，发明了一只会活动的机器鸭。这只鸭子与活的鸭子一样，会发出嘎嘎的叫声，在水中游泳，吃着谷粒，喝着水，像真的鸭子一样消化进食和排泄粪便。它的精美结构闻名整个欧洲。鲍堪松原先是想把鸭子的生物功能机械化，从而作为医学分析之用。鲍堪松还创制过"吹笛子的男人""打鼓的人"等机械玩偶。

1773年，瑞士钟表匠杰克·德洛斯和他的儿子利·路易·德洛斯利用他们最熟悉的钟表中的齿轮和发条创制出了"自动书写玩偶""自动演奏玩偶"等人形玩偶。"自动书写玩偶"是一个身高1米的

自动书写玩偶

可爱少年，它拿着画笔和颜色，在纸上绘画；拿着鹅毛笔蘸着墨水在纸上写字，一副潇洒的样子，人见人爱。"自动书写玩偶"结构巧妙，服装华丽，在欧洲风靡一时。另一具"自动演奏玩偶"，现在还保留在瑞士的努萨蒂尔历史博物馆里，它是一具少女玩偶。少女的十指按动风琴上的琴键，可以弹奏出美妙的音乐。

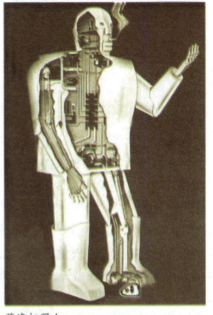
蒸汽机器人

19世纪，有个叫克卢歇的法国人发明了一种机械活动玩偶，在玩偶的身上装几个凸轮、杠杆、齿轮等简单的机械零件，就能让它做出各种"活灵活现"的动作。可惜，他的发明现在都已找不到了。

1893年，摩尔制造的"蒸汽机器人"是靠蒸汽驱动双腿走动，行进速度可达到每小时14.5千米。

进入20世纪后，机器人成为了20世纪最重要的发明之一。1959年，第一台工业机器人在美国诞生，开创了机器人发展的新纪元。虽然这种机器人不能代替人去做事情，但是人们创造这种只能供人玩赏的人形玩偶的热情不减。

日本有个叫相泽欠郎的人，和他的同事一起制作了近800个玩具机器人，其中最受小朋友欢迎的是一个叫"九郎"的玩具机器人。

"九郎"诞生于1967年7月28日，身长1.73米，与真人一般大小，重133千克，是一个全金属机器人。它由无线电遥控，肩上的天线接收到遥控指令后，就传送到它躯体里的控制器，控制器按照遥控指令，开动各个开关，电动机带动手、脚以及头部的各种机械，使它做出各种有趣的动作来。它能用人走路的速度走路，大致以每小时4.3千米的速度前进或后退；会向左或向右转弯；会点头、敬礼、握手或摇头；会皱眉头，移动眼珠，笑出酒窝来表示它的"感情"，还会和人滔滔不绝地交谈。

"九郎"的制作十分精巧，可惜，人们没有给它安装电脑，只能按照预先的规定做出各种动作，不能像人那样灵活自如地行动。

"机器人"名字的由来

在古代，由于受制于科学技术，古人对机器人的憧憬，只能在文艺作品中得到释怀，尤其是科幻小说把人们对机器人的向往淋漓尽致地表现了出来。

1817年，英国女作家谢莉夫人发表了小说《弗郎肯斯坦》。这是最早描写机器人的科幻小说。弗郎肯斯坦是一位年轻的德国生理学家。他费尽心血，用人和动物的尸体做原料，用电能注入生命，将一具人造的机器人变成了一个有生命的机器人。但是，这个有生命的机器人有一张丑恶的脸孔，使它深感不满，憎恨制造它的人。于是，他恩将仇报，杀死了弗郎肯斯坦博士。然后，它乘着木筏，消失在黑暗的北冰洋里。

1831年歌德发表了《浮士德》，塑造了人造人"荷蒙克鲁斯"；1870年霍夫曼出版了以自动玩偶为主角的作品《葛蓓莉娅》；1883年科洛迪的《木偶奇遇记》问世；1886年《未来的夏娃》问世。

1879年，法国作家比利哀·德·利拉丹写了一篇《安德洛伊德》小说。小说主人公是一位美丽的机器人阿达里。利拉丹将阿达里称作"安德洛伊德"。"安德洛伊德"出自拉丁语，意思是"与人完全相似的东西"。阿达里是用齿轮、电线、电钮等组成的一个机器人，它的皮肤与人一样很柔软，也能像人一样思考。

1913年，德国作家古斯塔夫·梅林发表小说《巨人格列姆》。

《罗素姆万能机器人公司》剧照

格列姆是中世纪犹太传说中的一个巨人。它只是安放在犹太教堂中的一堆泥土，当信奉犹太教的信徒受到反对犹太教的贵族欺负的时候，它就被注入了生命力，并跃起成为了一个力大无穷的巨人，去惩罚那些贵族，把贵族的庄园砸烂，拯救犹太教的信徒。

在拯救犹太教的信徒之后，只要犹太教的信徒念上一句咒语："你本是尘土，仍要归于尘土。"格列姆哗的一声坍塌下来，变成了一堆泥土。格列姆是一个泥制巨人。

"机器人"一词，起源于一位捷克作家创作的一部戏剧《罗素姆万能机器人公司》。

1920年，捷克作家卡列尔能·查培克写了一部名叫《罗素姆万能机器人公司》的剧本，第一次出现了"机器人"

捷克剧作家卡列尔能·查培克

这个名词。在此以前，无论在神话、传说，还是在小说、科幻中从来没有出现过"机器人"这个名词，都是称作"人造人"。

"机器人"在捷克文中为"Robot"，原意是"工作者"，现在，随着《罗素姆万能机器人公司》被介绍到全世界。

《罗素姆万能机器人公司》中讲述了这样一个故事。在一座岛上，有一家罗素姆万能机器人公司。这家公司专门生产机器人供应全世界，生意非常兴隆，每年各地客户向他们订购的机器人高达5 000~10 000台，生产非常繁忙。

他们生产的机器人的寿命为20年。他们先将各种原料搅拌熬制在一起，再在一只木桶里制造出肝、脑等。在其他一些车间里制造骨头、纺织神经纤维、血管纤维，最后在总装车间进行组装，再经过干燥室烘干，机器人就做成了。

机器人做成后，还要像在学校里教小学生一样，教它们读书、写字和算算术。因为它们的记忆力很强，一部20卷的百科全书，只要读给它们听一下，它们就会一字不差地记住。但是，它们没有思考能力，也没有情感，干起活来可以一个顶两个。

机器人大军占据了大批工人的工作岗位，使大批工人失业。当地工人发起罢工，捣毁机器人。工厂主组织起机器人军队，屠杀罢工的工人。

就在这时，机器人也不干了，不愿意接受工厂主的统治。荷兰的机器人带头组织起"工会"，并向全世界的机器人发表宣言："全世界的机器人团结起来，把人杀掉。"

生产机器人的罗素姆万能机器人工厂也爆发了机器人叛乱，一个机器人领袖拉迪乌斯高喊："新的生命万岁，机器人、劳动者前进。"

最后，全世界只剩下一个人，机器人公司的制造主任阿尔基斯特，机器人要他教它们制造机器人的方法，因为它们的寿命只有 20 年。20 年后，机器人都要灭绝。这时出现了两个新型机器人，这是公司刚刚试验制造出来的。阿尔基斯特听到它们两个对话，知道它们已经成为"新型的人"了，全剧到此结束。

阿西莫夫的"机器人三原则"

在创作机器人科幻作品的作家中，影响最大的要数克拉克和阿西莫夫两人。

阿瑟·克拉克（Arthur C.Clarke）是英国著名科幻作家，同时也是一位著名的科学家，以及国际通信卫星的奠基人。

克拉克 1917 年生于英格兰西部的一个小城镇，1941 年进入部队服役，从事与雷达有关的技术工作。1950 年起，克拉克开始创作科幻作品。他以"太阳风"为题材的科幻作品《太阳帆船》曾引起美国国家宇航局的注意。他的作品寓意深刻、脍炙人口。他还善于运用哲学的方式，使作品具有一定的哲理性，给读者以思考。他还在一篇《未来的侧面图》的文章中，绘制了一幅图，图中按年代顺序列举了一些科学技术发明，以及预测未来的一些发明和发现，并将此图称为"未来的地图"。他预测机器人将在 2020 年登场，当然，这结果并不正确，由于科学技术的发展比他预想的要快，特别是计算机技术的飞跃发展，促使具有人工智能的现代机器人在 20 世纪 50 年代就已经粉墨登场，大大出乎了克拉克的预料。

美国的艾萨克·阿西莫夫是另一位科幻小说大家。它的"机器人"系列有《我是机器人》《钢窟》《裸阳》《黎明中的机器人》《机器人与帝国》等，其中《我是机器人》是短篇合集。他笔下的机器人，改变了原来科幻小说中

美国著名的科幻作家阿西莫夫

机器人老套的奴隶工具或人类敌人的怪物面目，开始成为人类的朋友。

他在《我是机器人》一书中提出了著名的"机器人三定律"，为机器人建立了一套行为规范和道德准则，从而演绎出一系列推理性和逻辑性极强的好故事。他发明的"机器人三定律"，几乎成了以后科幻作家创作有关机器人的作品时必须遵循的法则。

被人创造出来的机器人应该是人类的朋友，会不会有一天它却变成了人类的敌人呢？

这个问题在《罗素姆万能机器人公司》一剧中，已经被提了出来了，但这只是一出戏剧。那么，在现实生活中会不会碰到这样的问题呢？时隔五十多年以后，机器人杀人事件真的上演了，并且接二连三地出现。人们担心此类事件是否会预演成人类的悲剧呢？

1978年9月6日，日本广岛一家工厂的切割机器人在切钢板时，突然发生异常，将一名值班工人当作钢板切割了，这是世界上第一宗机器人杀人事件。1982年5月，日本山梨县阀门加工厂的一个工人，正在调整停工状态的螺纹加工机器人时，机器人突然启动，抱住工人旋转起来，又酿成了一起机

苏联国际象棋冠军被机器人棋手用电击倒

器人杀人的悲剧。1985年，苏联发生了一起智能机器人棋手杀人事件。国际象棋冠军古德柯夫同机器人棋手下棋连胜3局，机器人棋手恼羞成怒，突然向金属棋盘释放强大的电流，在众目睽睽之下，击倒了这位国际象棋大师。

人类设计的为人类服务的机器人却背叛了他们的创造者，有一批科学家认为，这种情形极有可能发生。有德国科研人员警告说，在家里的机器人可能是危险的，特别是在它们拿着锋利物体的时候。德国航空航天局下属的机器人和机电一体化学会的科研人员设计了一个实验，让手拿各种工具的机械臂，击打一系列模仿人类组织的物体。实验结果表明，机器人刺穿或刺破了一团硅树脂、一条猪腿，甚至一个志愿者的胳膊，其造成的伤害具有潜在的致命性。在这次实验中，还首次观察到与机器人发生碰撞会造成巨大伤害。

为此，阿西莫夫在他于1950年发表的机器人科幻小说《我是机器人》一书中，

机器人三原则

对机器人规定了三项原则。

第一条：机器人不得伤害人类，或袖手旁观坐视人类受到伤害。

第二条：除非违背第一条，机器人必须服从人类的命令。

第三条：在不违背第一及第二条的情况下，机器人必须保护自己。

1985年，阿西莫夫在他的另一本有关机器人的科幻小说《机器人与帝国》中，将三项原则扩充为四大原则：

第零原则：机器人必须保护人类的整体利益不受伤害。

第一原则：机器人不得伤害人类个体，或者目睹人类个体遭受危险而袖手不管，除非这违反了机器人第零原则。

第二原则：机器人必须服从人给予它的命令，当该命令与第零原则或者第一原则发生冲突时例外。

第三原则：机器人在不违反第零、第一、第二原则的情况下要尽可能保护自己的生存。

阿西莫夫在创作的机器人科幻小说中，提出"机器人三项原则"时，世界上还没有机器人，但当机器人从科学幻想变为现实时，阿西莫夫的机器人"三项原则"或者"四项原则"越来越显示出了他智慧的光辉，以至有人称之为"机器人的金科玉律"。阿西莫夫为机器人规定了它们在人类社会中与人共同工作时应具有的"品格"，这"品格"不仅出现在阿西莫夫创造的机器人科幻小说中，也应表现在我们身边的机器人身上。

真实的机器人降临

或许受古代的神话、传说和近现代的科幻小说、漫画的影响，人们心目中

的机器人是有手、足、口、眼、鼻的像人的形状一样的全能机器人。

但是，在科学家眼里，机器人未必一定要像人，那究竟怎样的机械可以称为机器人呢？机器人技术作为20世纪人类最伟大的发明之一，自20世纪60年代初问世以来，已取得长足的进步。世界上已有上百万台机器人正与人们一起工作。在科技界，科学家对于机器人的定义仍然仁者见仁、智者见智，没有一个统一的意见。

1886年，法国作家利尔亚当在他的小说《未来夏娃》中将外表像人的机器起名为"安德罗丁"（android），它由以下四部分组成。

①生命系统（平衡、步行、发声、身体摆动、感觉、表情、调节运动等）；②造型介质（关节能自由运动的金属覆盖体，一种盔甲）；③人造肌肉（在上述盔甲上有肉体、静脉、性别等身体的各种形态）；④人造皮肤（含有肤色、机理、轮廓、头发、视觉、牙齿、手爪等）。

1967年，在日本召开的第一届机器人学术会议上，日本的加藤一郎提出机器人应该：①具有脑、手、脚等三要素的个体；②具有非接触传感器（用眼、耳接受远方信息）和接触传感器；③具有平衡感觉和固有感觉的传感器。

机器人的手是一双会"摸"的、有识别能力的灵巧的"手"。一般由方形的手掌和节状的手指组成。在手掌和手指上都装有弹性触点的触敏元件。如果要感知冷暖，还要装上热敏元件。各指节的连接轴上装有精巧的电位器，能把手指的弯曲角度转换成"外形弯曲信息"和各指节产生的"接触信息"一起送到它的"大脑"（电脑），就能迅速判断出手上所抓的物体的形状和大小。1966年，美国海军就是用机器人"科沃"的手将因飞机失事掉入西班牙近海的一颗氢弹从750米深的海底捞上来。1967年，美国飞船"探测者三号"将1台机器人送上月球，在地球上遥控这台机器人的手挖掘月球表面40厘米深处的土壤样品。

机器人的眼睛。眼睛是感觉之窗，人的80%以上的信息是靠视觉获取的。机器人的眼睛也要像人一样能看东西。现在机器人不仅可以看图识字，还可以识别物体。

机器人的鼻子比人还要灵敏。人能够嗅出物质的气味，分辨出周围物质的化学成分。在1升水中放进4×10^{-11}的乙硫醇，人的鼻子也能够闻出来。机器人的鼻子更灵敏，它不仅能嗅出丙酮、氯仿等40多种气体，还能够嗅出人闻不出来但可以致人死亡的一氧化碳。

机器人也有耳朵，通常是用"微音器"或录音机制成的。被送入太空的遥控机器人，它的耳朵就是一架无线电接收机。人的耳朵十分灵敏，能听到十分微弱的声音，只要对耳膜产生大气压强的100亿分之几就可以听到。机器人的"耳朵"比人的耳朵更灵敏，即使像火柴棍那样细小的东西掉在地上，反射回来的声波也能被它"听"得清清楚楚。如果用这样的耳朵来监听粮库，那么，在二三千克的粮食里的一条小虫爬动的声音也能被它准确地"听"出来。机器人的耳朵除了能听到声音之外，还能辨别出不同的声音，正确率可以达到99%。现在，人们在研究使机器人能通过声音来鉴别人的心理状态，人们希望未来的机器人不光能够听懂人说的话，还能够理解人的喜悦、愤怒、惊讶、犹豫和暧昧等情绪。这些都会给机器人的应用带来极大的发展空间。

一个机器人的成长史

阿西莫是一个机器人的名字，它是由英文"Advanced Step in Innovative Mobility"缩写成"ASIMO"的音译而来，意思是"向革命性行走机器人迈出的一步"。

阿西莫是世界上第一个可用双腿直立行走的机器人，2000年诞生于日本本田公司。10多年来，它的个子虽然长得并不快，仅仅长高了10厘米，但是，它的本领却越来越大，学会了走路、跳舞、爬楼梯，学会了认人。它先是在日本和光市举行的本田新技术展示会上出尽风头。然后，它又在西班牙的巴塞罗那光亮登场。

阿西莫的外形像一个小男孩，让人备感亲切。它身高120厘米，体重43千克，与一个小学生的体格基本相似。在这些年里，阿西莫朝着人们憧憬的那样，历练着自己的"行动能力""环境认识能力"和"交流能力"，变成了能在人类环境中共存的机器人。

步行中的阿西莫

日本本田公司先后制造了 40 个阿西莫，将它们送到美国、英国、泰国等地作为外交使者。2003 年，日本前首相小泉纯一郎访问捷克，阿西莫在国宴上向主人举杯祝酒，并用捷克语致辞，受到在场嘉宾的赞赏。后来，丹麦女王玛格丽特二世到日本访问，阿西莫接待了来宾，并向女王献花，表演了优美的舞蹈，把丹麦女王逗得眉开眼笑。在日本举办的世界博览会上，一支由阿西莫组成的乐队还曾为参观者表演大型的铜管乐和说唱音乐。

阿西莫向荷兰女王鲜花

人自出生到学会走路，大约一年时间。机器人学会像人一样走路经历了漫长的岁月。早期的机器人，行走靠轮子，就像将机器人放在一辆车子上。大约在二十世纪七八十年代，科学家开始研究像人一样走路的步行机器人。刚开始的步行机器人，采用的是一种"静态步行"。这就好像人在走独木桥，走一步，停一下，调整自己的重心，保持身体平衡；再走一步，再停一下，调整自己的重心，保持身体平衡，慢慢地一步一步向前行走。由于要不断地调整自己的重心，保持身体平衡，这种机器人走起路来不仅速度很慢，而且由于它上体摇动的幅度很大，行动笨拙，走起来摇摇晃晃、跌跌撞撞，样子十分难看。

阿西莫与它的前辈已大不一样，走路的脚步已十分灵巧，走路的速度已经与人的慢走相当。在 2 岁时，它的步行速度已达到每小时 3 ～ 4 千米。

阿西莫采用的是一种与人自然步行一样的"动态步行"，行走时，它可以一边移动重心位置，一边控制身体平衡，在任何瞬间都能保持平衡。因此，它就能像人一样挺直身体快速行走。

人行走时，是靠耳朵里的耳石和三个半规管来调整人体姿势和保持身体的平衡。阿西莫就运用了以下三项控制技术。

第一项是地面反力控制技术。它能使阿西莫在凹凸不平的地面行走时，足底也能踩稳地面，不至于在行走过程中摔倒。

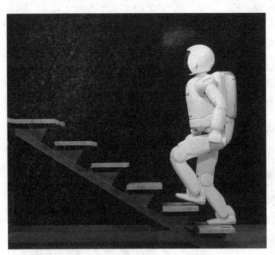

阿西莫走楼梯

第二项是目标控制技术。当阿西莫双足踩在地上不能支撑住身体时，它会自动调整身体上半部的姿势，保持它的躯体平衡。

第三项是着地位置控制技术。调整因目标控制而产生的身体上部的偏斜。

当然，阿西莫身上的这三项控制技术，都是由计算机来控制的。

当它走路时，脚尖碰到了石头等障碍物，"地面反力控制"就会控制机器人的脚尖，让它稍微抬起一点，用脚后跟踏地。如果机器人快要倒向前方时，它就会控制脚尖先踏地，纠正机器人的姿势偏差，恢复它的平衡，不致摔倒。

当阿西莫的足底与地面接触超出了一定范围时，"地面反力控制"就无法控制它的平衡，便有翻倒的危险。这时，就需要用目标控制技术复原它的姿势。这就像人在步行时，如果前倾得太厉害，用脚踏地已控制不了，就要改变策略，向前方跨出大步才能保持人体平衡。阿西莫也会采用这种方法。当它往前剧烈倾斜时，它就会往前加速，跨出大步以防止摔倒。但是，阿西莫大步向前行走，也会破坏计算机设定的理想步行方式，如果这时马上恢复到原先（理想）的步幅的话，它就会因上体前倾而翻倒。这时由"着地位置控制"修正它的着地位置，使它恢复到理想的步行状态。这和人在步行中，在前倾跨出大步之后，开始修正着地位置的方法是一样的。

正因为阿西莫采用了这三项技术，不仅使它在凹凸不平的路面上行走不会摔倒，即使被推搡也不会倒下，还能在楼梯、斜面上稳步行走。

在斜面上步行，它如履平地，能自在地行走。更奇妙的是，它走楼梯的样子，是那么闲定信步。在西班牙的巴塞罗那，阿西莫表演的上楼梯，更是赢得了人人喝彩。

然而，人在行走中，很少见到只是简单地直线行走，大都会采用前后左右、斜行等非常复杂的行走方式。为了让阿西莫行走起来更灵活自如，使它的步行动作看上去更像人一样的"自在步行"，在阿西莫身上采用了"智能步行技术"。

"智能步行技术"可以将两种以上的不同动作组合起来，如一边行走，一边招手；一边走路，一边改变行走方向等。由于"智能步行技术"可以使阿西莫在行走过程中无须中断步行动作来调整身体平衡，从而可以实现前进、后退等连续动作，甚至更为复杂的旋转动作。阿西莫可以左右划着弧形行走，呈蛇行般往前走。蛇行时，上半身和下半身

阿西莫在跳舞

的平衡非常重要，它能够一边调整左右脚的步幅，一边轻微移动上半身的重心，所以能稳稳地进行8字步行。

阿西莫的舞步也是十分优美动人的，它通过"前行"、"后退"、"侧行"的组合，做出像舞蹈一样的动作。同时，配合它的上半身左右摇摆的动作更显可爱。

阿西莫不仅可以模仿人类的心情，诸如啼哭、发怒、欢喜、惊讶以及怡然自得等样子，而且会认识人。

在阿西莫身上也有与人相似的"眼""耳""口"等器官。它头上安装的两台摄像机好似人的双眼，头两旁安装的两个立体声话筒好比是人的"耳朵"。

摄像机拍摄的是二维（平面）图像信息，它上面既有像人、动物、车辆等移动物体，也有像家具、墙壁、地面等静止物体。阿西莫会采用一种移动物体抽出技术，将它们一一区分开来，分辨出哪个是移动物体，哪个是静止物体。对移动物体还能判定它们的移动方向和大致的移动距离。两台摄像机能捕捉大小在40厘米以上、时速在4千米以内的移动物体。阿西莫将图像中的物体和人区别开后，再通过脸部识别技术，识别它周围的人。

脸部表情不仅表达了人的感情、意志，而且也用于与他人的交流。同时脸部表情体现了每个人的个性，是辨别个体之间差异的重要部位。脸部识别，就是从脸部的图像信息中识别出不同的人的一项技术。

阿西莫采用的脸部识别技术是先把人的脸部信息储存在计算机中，阿西莫最多可以储存10个人的脸部信息。如果阿西莫的摄像机拍摄到的人脸与它储存的某一个人脸相同，它就知道了此人叫什么名字等一系列信息。它最多可以识别10个人的脸，准确率可达到95%。具备了这种识别功能，即使人在移动中，

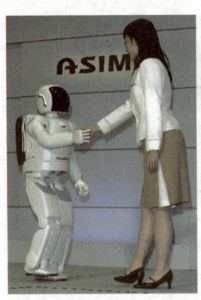

阿西莫会与人握手

阿西莫也能有效地进行识别。

因此，一旦在摄像机拍摄的图像中出现了它所熟悉的人脸，它就会追上去，与他（她）们打招呼。如果这个熟悉的人脸向它走来，它也会迎上前去与他（她）们握手。如果它熟悉的人让它陪伴散步，它就会跟随其后，随人步行，也不会丢失。

通过它头上的摄像机还能识别周围的环境，如果周围发现障碍物，阿西莫能分辨出它们的大小、距离、方向和位置，并决定是停止前进，还是迂回过去。因此，你不用担心阿西莫遇到障碍物会摔倒。它还会识别周围的移动物体是否对它构成威胁，如有物体冲它而来时，它会迅速让开，避免危险。阿西莫也和人一样，能够一边行走，一边接受摄像机拍摄到的图像信息，时刻留意周围变化着的环境，采取暂停、迂回、躲避等措施。

人在相互交流时，常常会用手势传达意志、感情、要求，还会通过手势告诉对方地点、物体的大小和形状等。阿西莫也具备手势识别，它可以根据人手的位置和动作来判断人的意思，然后采取相应的行动。如人伸出手来，它也会伸手与人握手；人招手，它也用招手回应。有人朝它挥手，表示再见，阿西莫也会做出相应的反应，向对方挥手。

在人生活的环境中，有嘈杂的噪声，也有美妙的音乐声，人能够从它们中间选择出自己要听的声音。阿西莫也能像人一样对声音做出选择。它头上的两个立体声话筒，能够捕捉周围的声音，先是通过"声音识别"，把声音分为有意义的声音和杂音，提取有意义的声音，并判断出声源的方向、距离，以及发声的位置和发声的人或物体；然后，进行"声音理解"，如果是物体落地发出的撞击声，它会迅速做出反应，向发声的地方观望；如果是人发出的声音，它不仅能分辨出是主人的声音，还是熟人的声音或不认识人的声音，而且能理解声音的内容。如果是主人问"今天上午国内发生了什么重大的事件"，它就会通过无线局域网访问企业内部网或互联网，迅速找出答案。它不仅能帮助主人查询需要的信息，还可以告诉主人客人来访的信息，并可直接将来访者的面部图像传送到主人的电脑上，然后根据主人对它做的反馈接待来访的客人，并将客人带到约定的地方，给客人送上饮料。

阿西莫还会推着小推车送东西，用脚踢足球，用手做体操。

下一步它还要做些什么呢？用于家庭或办公室的机器人。它的外形是根据人的生活环境来设计的，其目标是能在室内空间自由自在地走动，能熟练使用各种工具和设备，并且能够让人产生亲近感。与居住空间相比，办公空间更大，人更多。因此，对它来说，需要避开更多的障碍物。另外，阿西莫还必须会用各种器具和自动化办公设备。具体地说，它能站在操作台、复印机、手推车前，处理办公室里的各种工作，还要能坐在办公桌前敲击电脑键盘。

为此，日本本田公司对阿西莫做出了如下的规划。

1. 与外部网络联结：通过阿西莫与局域网络连接起来，使未来的阿西莫具有更强大的类人化智能。那时的阿西莫能为我们提供更多的服务。例如，与数据库结合，能提供针对特定顾客的服务；有顾客来访时，根据脸部特征判断其身份，然后将顾客的姓名及各种个人数据、照片等传送到负责人员的手机上或电脑中；引领顾客到指定的场所。与互联网连接，在接受人们提问后，它能从互联网上查找到诸如天气预报等各种信息，并回答各类人员提出的问题。

2. 具有自我控制行动的能力：现在的阿西莫是根据事先指定的动作命令（程序）来实施动作的，也可以受人直接操控。等到将来"识别功能"和"交流功能"变得更强大时，阿西莫有望朝着完全不依赖人的指令而行动的"自律性"和与人协调一致行动的"交互性"两个方向发展。

3. 声音信息（语言）的理解：现在的阿西莫对人的声音信息的理解，只是停留在听到说话声后转头以及问候、简单对话的水平上。将来对声音的识别能力提高后，它的目标是理解人的命令并付诸行动。例如，"阿西莫，把灯打开"，"把报纸拿过来"等，等到阿西莫能够听懂这类命令后，谁都能自如地使用它了。另外，阿西莫用语言与人类进行必要的信息交流，也是将来的课题。

现代机器人的舞台

在医院的抢救室里，一位病人发着高烧，呼吸急促，心跳紊乱，可是在场的医生没有一个给他接氧气、打针，采取急救措施。只有一位坐在电脑前面的医生，在拨弄电脑上的键盘。原来，这是美国加利福尼亚大学制造的一个机器病人，它的外形同真人很相似。它的身体和内脏虽然是用塑料制成的，但能像活人一样用胸部和腹部呼吸，颈部的动脉会有规则地跳动，心脏跳动时还会发出"蓬、蓬……"的声音。更有趣的是，它能模拟人生病时的各种症状，还会调节病情的轻重。这种机器人是供医学院学生实习用的。

现代机器人大部分不是人形的，但能像人一样劳动。它们有的被派去开采矿石或从事农业劳动，有的出海捕鱼或寻找海底沉船，甚至还有代替人去其他星球探险的。

1981年，在瑞士日内瓦的一个展览会上，一个身着瑞士民族服装、个子比普通人稍矮一点的机器人在人群中走来走去，他把一张张地图分送给观众，向观众握手，同时回答观众提出的问题。在日本东京街头，还曾出现过机器人交通警察。它身高1.7米，头戴大檐帽，身穿深色日本警察制服，如果马路上有谁驾驶汽车不服从它的指挥，那么，第二天就会收到一张违章罚款通知单。

现代机器人比原始"机器人"已有了很大的进步，但还只能算是阿童木的祖先。现在人们正努力制造像阿童木那样的机器人呢！

机器人正在向我们走来，成为我们的朋友和帮手。机器人正像"王谢堂前燕"飞入"寻常百姓家"。在我们的工作、生活中，处处有机器人在"大展宏图"，到处有机器人的踪迹。

随着科技的发展，机器人也不再是冷冰冰的一名在生产线上的"操作工"，机器人正在向我们走来，走进我们生活，成为我们的朋友和帮手。未来的家庭将由机器人从事家务劳动，从清洗到简单的修理工作，甚至饭菜都由机器人来做。

医用机器人。曾经有一部美国科幻影片《惊异大奇航》。这部影片中，科学家把变小的人和飞船注射进入人体，让这些缩小的参观者直接观看到人体各个器官的组织和运行情况。如果真的

"纳米蜘蛛"微型机器人

有小人能够进入我们的身体，倒是可以帮助我们看病。最近，美国科学家就研制出了一种可以进入人体的纳米机器人，有望用于维护人体健康。

纳米机器人。发明纳米机器人的科学家是美国哥伦比亚大学生物工程学研究人员米兰·斯托诺维克等人。组成纳米机器人的材料是 DNA 分子，它们的外形很像一只蜘蛛，因此，又称为"纳米蜘蛛"微型机器人。它们能够跟随 DNA 分子的运行轨迹自由地行走、移动、转向以及停止。虽然，以前研制出的 DNA 分子机器人也具有行走功能，但不会超过 3 步，而新的纳米蜘蛛机器人却能行走 50 步。科学家希望不断改进纳米蜘蛛机器人，以提高它们的行进距离，让它们能够在人体内自由地穿梭。

纳米蜘蛛的体长只有四纳米，需要高倍电子显微镜才能看见，因为 10 万个这样的纳米蜘蛛机器人排成一串也比人的头发直径要小。正因为纳米蜘蛛机器人如此微小，它可以穿越人体任何组织和器官，包括最细小的毛细血管和神经末梢，而不会导致这些细小管道阻塞。纳米蜘蛛机器人可以在人体内的"大街小巷"随意穿梭，及时发现人体内出现的异常情况，因此，堪称人体内的"微型警察"。

纳米蜘蛛机器人有望成为治疗多种疾病的重要工具，例如，它们可以区分健康细胞和癌细胞，及时发现癌细胞后发出警报。成千上万只纳米蜘蛛机器人就源源不断地向癌细胞聚集，一起合力杀死癌细胞。它们还可以成为清理人体血管的"管道工"，人体血管其实也像城市的下水道一样，时间长了就会出现垃圾，如果不及时清理就会发生各种心血管疾病，纳米蜘蛛机器人发现这些垃圾后，能合力把这些垃圾击碎并运到人体的肠道内。它们甚至可以被用于外科手术，切割或缝合所需做手术的部位，由于它们可以直接利用人体活性物质到手术部位，手术之后可以达到没有疤痕的效果。

纳米蜘蛛机器人实质是分子机器人，是分子仿生学中的一个重要内容。它们根据分子水平的生物学原理为设计原型，是一种可在微小的纳米空间内进行操作的"功能分子器件"。事实上，每一个细胞都是一个活生生的纳米机器人，细胞不仅将营养物质转化为能量，而且按照储存在 DNA 中的信息来建造和激活蛋白质和酶，通过对不同物种的 DNA 进行重组。目前，基因工程已经开始利用这些活生生的"纳米工具"来维护人体健康，如用细菌的细胞来生产医用激素。

美国加州理工学院神经科学研究人员埃瑞克·温弗利说："传统的机器人是一个机械体，能够识别所处环境，做出相应的判断，并遵循设计程序做某些事情。"相比之下，分子机器人更具优势，它们不仅具备着传统机器人的功能，并且将体积缩小至纳米级，在相应的环境中可以自动组合。也就是说，纳米蜘蛛机器人其实是一种可以自我复制的机器人，它们可以利用人体内的DNA分子进行自我复制，根据任务的需要来确定所需复制的数量，而不会出现纳米蜘蛛机器人在人体内泛滥成灾的情况，不用担心纳米蜘蛛机器人会把人体拆光。

目前，科学家们已经研制出这种机器人的"生产线"，希望未来能大量生产。研究人员希望纳米蜘蛛机器人首先用于医疗事业，有力地维护人体健康。纳米蜘蛛机器人早期的应用可能包括：帮助运送药物到人体的患病部位，帮助人类识别并杀死癌细胞以达到治疗癌症的目的，甚至还能帮人们完成外科手术、清理血管垃圾等。

家庭服务机器人。"您的菜已烹饪完毕，请按取菜键。"2010年，在上海世博会园区内，出现了一家机器人餐厅，有全球首款会烧中国菜的烹饪机器人。这台烹饪机器人师出名门，它会烧制不同菜系的代表菜：元宝大虾、水晶虾仁、避风塘大虾、本帮红烧肉、响油鳝丝、鱼香肉丝、宫保鸡丁……多达400余种。烧制一道美味可口的佳肴，只要短短的几分钟，就可以让你品尝到。

烹饪机器人的外形酷似一台冰箱，但里面要比空荡荡的冰箱复杂多了，"肚子"里锅碗瓢盆、油盐酱醋样样齐全。由大厨编写的菜谱，通过电脑控制，严格按照大厨的烧菜程序，一步一步地进行操作，什么时候投料、滑油、翻锅、焖烧、放调料以及控制火候等都能做到非常精准。可能你会问：机器人怎么会知道锅里在烧什么菜呢？其实不难。机器人煎、炒、炸、煮用的是专用配菜盒，里面有一张电子标签（RFID），它会告诉机器人盒内都有哪些食材和佐料。例如，烹饪水晶虾仁，先将油倒入锅内，开煤气，油热后，配菜盒上的塑料薄膜先撕开一部分，里面的虾仁就落入了锅中；轻转炒锅；随后撕掉另一部分塑料薄膜，其他配料也依次入锅；接着不断翻锅；待虾仁炒好后装盘，并发出提示声音，告知菜已做好。一盘热腾腾的水晶虾仁就送到你眼前。众口难调又怎么办？"请放心，火候和口味等都可以微调。光红烧肉，就设了9种火候。"据介绍，北京已开办了连锁机器人餐厅，颇受白领的欢迎；深圳也有学校、医院和政府机关食堂使用了机器人厨师。顾客只需购买料盒，交给机器人，即可坐等美食上桌了，花费和其他餐厅差不多。

在机器人餐厅还配备了送菜的机器人为你服务。送菜机器人会为你报价、结算，并端菜上桌。在上菜时，送菜机器人能用多种语言报菜名。顾客可以通过语音和触摸屏两种方式点菜。送菜机器人行走起来非常平稳，即使端碗汤，送杯水，也不会打翻。它下面装有多个轮子，即使行走在颠簸的路面上也能保持平稳。更令人叫绝的是，它的自动避让本事，无论是迎面向它撞去，还是周边朝它挤去，它都能做到及时躲开，要真是"无路可走"，它还会发声，提醒客人小心。

烹饪机器人

别看机器人外表冰冷，它的服务态度却十分热情，不仅能询问客人要点什么菜，还能自动报价、结算，临走时还不忘说一句"祝您用餐愉快"。

现在，为家庭服务的机器人也越来越多，试想这样一个场景：早上一觉醒来，还没起床，机器人"管家"就会打开窗帘，通知机器人"厨师"做好可口的早点，待主人起床后，自有送菜机器人将烹饪好的菜肴端送至餐桌上……在你下班回来的路上，就有人在家里给你调好房间的温度，并给你准备好休息的桌椅。吃好晚饭不如再来一杯咖啡吧，家庭服务机器人十分"善解人意"，当主人冲着话筒说一句"倒咖啡"后，机器人能在一分钟内泡好一杯香气弥漫的咖啡。家庭服务机器人除了做家务以外，还能无线测量并记录一家人的血压、体温，并进行健康分析。此外，家庭服务机器人还具备语音识别和人脸识别功能，与主人进行交互式学习、评价学习效果，进行唱歌跳舞的表演。在你忙于工作的时候，孩子的教育一点也不会耽误，因为有机器人给你做专职家教……这种神仙一般的生活已近在眼前。

家政机器人会是啥样子？复旦大学研制的机器人"复娃"，将会成为家中的好帮手和"开心果"。乳白色的"复娃"，具有人的外形，有头、身躯、手臂和腿脚，大大的眼睛。它是一款移动式、多媒体、强计算、全开放的机器人，最具特色的是其"大脑"，可以通过与外界交互而不断学习新本领。例如，通过听觉系统理解不同家庭成员的命令，通过视觉系统感知环境，通过面部图案

保姆机器人

表露出情感，自主学会避障行走和搜寻物体等。"复娃"胸前有一块显示屏，主人发出指令，它就会走到你身边，根据要求播放电视节目。它还可以扮演家庭教师角色，通过多媒体课件，辅导孩子学习。如果孩子在学习中取得进步，它会手舞足蹈或挤眉弄眼给予鼓励。

还有一种家居监控机器人，有一身好手艺。它有一个漂亮的外形，头上长着一双眼睛，不仅能点头眨眼，而且能"看见"外部世界，并把它看到的东西显示在胸前的一块显示屏上。它双臂上的所有关节都能灵活地转动，是一个活灵活现的机器人。取物，倒水，开关门窗，遥控家电，监测火灾、烟雾、煤气泄漏、水表电表煤气表、门窗入侵等样样都会。它还可以成为你家中的大管家，指挥其他家居机器人的工作。

随着我国社会逐渐进入老龄化社会，助老机器人有着广阔的应用前景，一种家居护理机器人应运而生。家居护理机器人的外形似一张"魔法床"，它的一侧有一个触摸液晶屏，可以用来操作这台机器人，把老人服侍得很妥帖。它可使躺在床上的老人坐起、左右侧翻、平躺、抬背、翻身、屈伸腿等，还能监测老人的生理指标，如老人的心率、血压、体温等，一旦发生异常，还能及时发出提醒或报警。它还有设置定时服药、定时锻炼、定时收看节目、用餐时间提醒、起床叫醒等功能，成为家庭护理的好帮手。床下的辅助排便装置，可使老人在排便后进行自动冲洗、烘干。

这台家居护理机器人，还是一个与老人沟通的高手，善解老人心意。它还能识别老人的脸和语音，并通过触摸液晶屏实现无线上网、查资料、看新闻、听音乐等休闲活动。还能陪伴老人进行交互式学习，并给出学习建议，评价学习效果，安排学习计划。主人学得闷了，它还会唱歌跳舞，预报天气，替人解闷。

运动机器人。相扑运动是一项深受日本人民喜爱的体育运动。日本开发了一种相扑机器人，还为这些机器人举行相扑比赛。

相扑机器人

相扑机器人长宽不超过 20 厘米，重量不超过 3 千克，能推动 2 倍于自身重量的物体。它身上装有超声波传感器、触觉传感器等，能识别比赛场地上由黑白两色构成的边界线。相扑机器人的比赛场地是一个高 5 厘米，直径为 154 厘米的圆形台面。台面上敷以黑色的硬质橡胶，边缘处涂有 5 厘米宽的白线。机器人相扑比赛的规则比较宽松，给参赛的机器人留有较大的发挥空间，因此，比赛气氛紧张、激烈。机器人相扑比赛采用淘汰制，每次比赛以 5 分钟为限，凡机器人倒地 10 秒钟内无法站立起来，或有一半身体跌出场外，就算输。

1990 年 3 月，日本举行了第一届机器人相扑比赛，同年 12 月又举行了第二届机器人相扑比赛。现在，机器人相扑比赛已走出日本，在中国、新加坡、巴西、秘鲁、西班牙等地都举办过机器人相扑比赛，受到世界各地的机器人爱好者的欢迎。

2011 年 5 月 27 日，巴西圣保罗举行机器人相扑大赛。2011 年 9 月 2 日，一场中国沈阳市与日本川崎市的机器人相扑大赛吸引了无数人的目光。中日双方各派出 3 个机器人参赛，川崎队的"永远进步""小恶魔神乐""流星群"3 个机器人，造型迥异："永远进步"模仿装甲战车，有很强的稳定性和抗冲撞性；"小恶魔神乐"威武中略带一丝可爱的气质，它高近 40 厘米；"流星群"因身上有多个星图而得名。沈阳队的 3 台机器人整齐划一，只有颜色的差别，森林迷彩"不落日"、荒漠迷彩"开拓者"和蓝天迷彩"潜力股"。相扑机器人近身肉搏，狭路相逢，比赛的气氛非常热烈，这些场景并非只有在人类的竞技场上才能看到。

让机器人踢足球，听起来像天方夜谭。其实，这是一项极富魅力的比赛。1992 年，加拿大不列颠哥伦比亚大学的艾伦·马克沃斯教授最早提出机器人足球赛的想法，后来得到日本学者的迅速响应。1993 年 6 月，包括浅田埝和北野宏明在内的一些机器人研究人员决定创办一项机器人足球比赛，暂时命名为"RoboCup"。

足球机器人

尽管它是小场地运动，但它和台球、乒乓球一样吸引观众。踢足球的机器人和人们想象的并不一样，它们不是有手有脚的人形机器人，而是一群不起眼的小物体。但是，它们集人工智能、机器人学、通信、传感、精密机械和仿生材料等诸多领域的前沿研究和技术于一身，实际上是一场高科技的对抗赛。

机器人足球赛分为电脑仿真赛、小型足球机器人赛、中型自主足球机器人赛、SONY 有腿机器人足球赛四类。仿真赛只是在计算机中进行虚拟比赛。SONY 有腿赛是整个比赛中级别最高的比赛，在两队四腿机器人中展开比赛，每队有三名机器人，机器人的外形像一条狗，能完成比赛中的各种动作。

机器人足球比赛的场地大小为 1.5 米 ×1.3 米，中间有中线，两边有门区。每个足球机器人按规定不超过 7.5 厘米 ×7.5 厘米 ×7.5 厘米。比赛中，机器人只要把红色的高尔夫小球撞进球门就算赢。在赛场的上方有一个摄像头，摄像头把比赛的信息上传到计算机，经计算机处理，得到场上双方的态势，经通信系统发送与接收，控制机器人在场上奔跑。机器人足球比赛具有趣味性和观赏性，吸引了机器人爱好者和大中学生的关注。

现在，机器人足球比赛已成为一种时尚运动，很多国家都有自己的机器人足球比赛。在世界上比较有影响的赛事主要有两个。一个是由成立于 1997 年的国际机器人足球联合会（FIRA）组织的微机器人世界杯 Mirosot。国际机器人足球联合会总部设在韩国的大田，每年组织一次机器人足球世界杯。1996 年，韩国举行了首届机器人足球世界杯。

另一个是由国际人工智能协会组织的机器人世界杯 RoboCup，分为小型机器人比赛（直径小于 15 厘米），中型机器人比赛（15 厘米 ×50 厘米），电脑模拟比赛。1997 年，日本举行了第 1 届机器人足球世界杯赛。